키르기스스탄 학교 가는 길

오석균

충청남도 공주에서 자라 인천을 거쳐 강원도에 머물고 있다.

1996년 『문학21』을 통해 시인으로 등단했다.

시집 『기억하는 손금』 『기린을 만나는 법』 『수인을 위하여』 『우리에겐 시간이 충분했던 적이 없다』,

수어책 『프리미엄 수화』(공저), 시산문집 『키르기스스탄 학교 가는 길』을 썼다.

현재 횡성 송호대학교에서 극작과 한국어를 가르치고 있다.

파란에서 펴낸 오석균의 책

기린을 만나는 법(2017, 시집)

수인을 위하여(2019, 시집)

belles-lettres 2 키르기스스탄 학교 가는 길

1판 1쇄 펴낸날 2025년 9월 30일
지은이 오석균
인쇄인 (주)두경 정지오
디자인 이다경
펴낸이 채상우
펴낸곳 (주)함께하는출판그룹파란
등록번호 제2015-000068호
등록일자 2015년 9월 15일
주소 (10387) 경기도 고양시 일산서구 중앙로 1455 대우시티프라자 B1 202-1호
전화 031-919-4288
팩스 031-919-4287
모바일팩스 0504-441-3439
이메일 bookparan2015@hanmail.net

©오석균, 2025, printed in Seoul, Korea

ISBN 979-11-94799-12-2

값 18,000원

*이 책은 한국장애인문화예술원의 후원을 받아 2025년 장애예술활성화 지원 사업의 일환으로 발간
되었습니다. 한국장애인문화예술원

키르기스스탄 학교 가는 길

오석균 시산문집

시인의 말

나는 지금
히잡을 쓰고 눈썹이 긴 학생들을 만나러
그 옛날 실크로드를 걸어서
학교에 간다

톈산산맥을 넘어온 바람은
파미르고원 하늘을 사과처럼 만들고
설산의 눈 녹은 물은
몸을 뒤집으며 따라온다

차례

시인의 말

제4부

제1부

키르기스스탄 _ 떠나기 이십 일 전

떠나야 한다고 생각하는 순간
시간이 달라진다
같은 곳에서
같은 일을 하고 있으면서도

시간은 멈춰서
다른 곳에서 흐르고 있다
나도 거기 있다
제일 먼저

그곳에서 보게 될 푸른 하늘을 떠올린다
구름은 천천히 흐르는지
낮에는 새소리 밤에는 벌레 소리가 다정한지
길을 걸으면 스쳐 잠시 이웃이 되는지

누가 내게 말을 걸어 줄까
말을 이해하려나
통번역기를 살까
마음도 통역이 될까

시를 바꾸고 싶었다. 아니 나를 통째로 바꾸고 싶었다. 가
능하면 나를 힘들게 하는 이 처지도. 마음처럼 그렇게 바
꾸지 못한다는 것을 알면서도. 그래서 상황을 바꾸어 보려
했는지 모른다.

아이들을 가르치면서 점점 힘들어지고, 객지를 떠돌면서
이방인처럼 느끼는 생각과 감정의 변방에서, 이제는 퍼 올
릴 아무것도 더 이상 남아 있지 않다고 느껴질 때, 그때, 떠
날 준비를 했다.

초원이 좋아 보였다. 눈이 파래지도록 시퍼런 풀밭을 마구
달리고 싶었다. 말을 타면 더욱 좋고.

물망에 오른 나라들을 검색해 보다가 우연히 처음 들어 보
는 이 나라가, 너무 덥지도 않을 것 같고, 민주화 수준도 주
변국에 비해 높고, 초원 국가라고, 그래서….

키르기스어를 배운다 _ 삼 일 전

처음 익히는 말은 인사
살라맡스즈브 그 말 하나로
당신의 환대를 간절히 바라는
이방인의 마음이 전해질까

더는 말 못 하고 웃지만
두렵고 설레는 마음 들키지는 않으려고
그래서 그다음은 미안함
케치리프 코융우스라 하면 괜찮다고 답해 줄까

오바 그렇다고 해요
족 아니라고 하지 마요
말은 못 해도 할 말은 많아요
시(詩)라도 읊을까요

이건 얼마예요 (불 간차 투라드)
(바아스 큠바드 애켄) 가격이 비싼가요
키르기스 하늘엔 한 점 부끄럼이 있나요
가을엔 국화꽃도 피나요

저는 카레야에서 왔어요

잠그르 비가 많이 오는 나라예요
아바 으라이 날씨가 좋네요
정말 모든 것이 좋을 수 있을까

화면을 덮고 제목을 본다
생존을 위한 키르기스어 회화 모음
나는 아직 살아 있다
작쉬 칼릉으스 안녕히 계세요

영어도 잘 못하는 내가 키르기스말을 배운다고? 러시아어
도 배워야 한다고? 두어 주 만에 가능할까? 입에 잘 달라
붙지 않는 것이 처음 먹어 보는 이상한 음식 같다. 처음 보
는 사람 같고, 처음 보는 그림 같다.
닥치면 하겠지. 말보다는 사람이겠지. 매일 들으면 뚫리겠
지. 말소리가 참 예뻤다. 뜻은 더 예쁘겠지.

키르기스스탄 가는 길

북서쪽으로 길을 나섰다
지구가 가는 반대 방향으로 걸으니
하루가 조금 길다
톈산산맥이 발아래 보인다

높이 오를수록 작아지는 집과 산들
일테면 호수만 한 미움이나 상처도
뒷걸음질치면
조붓한 옹달샘이 될 수 있을까

밤은 늦게 도착하는 손님을 위해 거리를 비우고
교통순경은 깜빡이를 안 켰다고 격하게 차를 잡는다
진지함으로 포장된 또 하나의 반가움
이건 또 얼마짜리인가

눈을 뜨니 비행기 안이었고, 다시 뜨니 낯선 공항이었다. 불안하지만 막상 시작하면 뭐 다 그렇게 힘든 것이 아님을 다시 증명하고 있다.

처음 들어 보는 나라의 도시들, 시골 터미널 같은 공항, 많은 이국 사람 틈에 끼어 어디 손잡이를 잡고, 눈은 어디에다 두어야 할지. 마침 옆자리에 앉은, 위아래 초록색 원피스를 입은 키르기스스탄 처녀가 말을 건다. "당신은 한국인인가요?"

시골 터미널 같은 오시 공항엔 사람 좋은 인상의 지원 요원이 피곤에 터진 입술로 밤과 나를 기다리고 있었다. 차는 일본 닛산, 운전대가 오른쪽이라서 반대쪽 좌석에 올라 가방을 봇짐처럼 끌어안는다.

주차장을 나서자마자 차를 잡는 경찰. 지원 요원은 돈을 주지 않으려고 러시아말로 계속 뭐라고 하고, 가끔 나를 가리키고.

사막 도시 _키르기스스탄에서의 첫날

새가 아침을 깨우고
길은 움푹하다
차들은 양 떼처럼 달려들고
아슬아슬 피해 간다

양처럼 사선으로 머리를 돌리고
주목하지 않는 말 같은 사람의 거리
뛰지 않는다
가볍게 웃지 않는다

히잡에 굳은 표정에 익숙한 배우들
휴대전화를 하나씩 들고
천천히 걷고 바람 소리로 말하다
바람보다 먼저 사라진다

저녁이 되어도 식지 않는 언어
키르기스어와 러시아어가 전화기를 타고
먼지 자욱한 어젯밤을 주문한다
빨래는 벌써 말랐다

오시국립대학교 외국어학부 건물에 가서 1학년 학생들을 만났다. 쑥스러워 얼굴도 잘 쳐다보지 못한다. 학교 앞 휴대전화 가게에 가서 유심을 사서 끼우고, 점심을 먹고, 이제 집을 구할 차례다.

지원 요원의 차를 타고 인구 30만 도시를 이리저리 오간다. 궁궐 같은 외양의 아파트와 슬럼가 같은 뒷골목 주택가가 온통 뒤섞여 있다. 집마다 나무 타는 향이 퍼져 나오고, 나는 점점 얼빠진 사람이 되어 간다.

집 구하기 _ 둘째 날

집을 구했다
침실이 두 개 거실 방이 따로 있고
식당 주방도 따로 화장실도 두 개
월세는 무려 오백 불

한국 돈으로 육십오만 원
수박이 천오백 원이고
한 달에 이삼십만 원쯤 버는 나라에서
이건 너무 사치다

절반만 쓰고
절반은 비우리라
톈산산맥을 넘어온
파미르고원의 바람과 동거하리라

싸고 괜찮은 집이 나오기까지
몇 달만 머물리라
아무것도 사지 않고
아무것도 늘리지 않으리라

그러다가 일 년이 되고

그 일 년이 삼 년이 되면
시집으로 채우리라
삼십만 오시 주민들의 얼굴을 들여다보고 만 장의 시를 쓰리라

수박은 천오백 원, 고기도 싸지만, 집값은 매우 비싸다. 과
거 러시아 문화권의 영향이라고 한다. 치안을 생각해서,
그리고 당장 잘 곳이 없어서, 내 평생 가장 크고 사치스러
운 집에 들어간다. 일단 급한 대로 삼 개월만 계약을 했다.
이 방 저 방에 들어가 보고, 창문도 열어 보고, 창문 밖으
로 오가는 사람을 한없이 쳐다본다.
나 여기 왔어요

선 _ 셋째 날

차선이 없다
가끔은 중앙선도 없다
그것만으로 충분하다고 생각하는 사람들이
양 떼처럼 차를 몰고 다닌다

가끔은 있는 중앙선도 넘어간다
다 사람을 위해서 만든 건데
사고만 나지 않으면 어쩌랴 생각하는가 보다
선이 없으니 끼어들기가 촘촘하다

부채꼴 모양으로 자리를 잡고
조금씩 좁혀 들어
한둘씩 빠져나간다
그런 세상의 아이들이

밤 깊도록 골목과 마당을 차지하고
축제처럼 깔깔댄다
누구는 히잡을 쓰고
누구는 그네를 타고

도로에 중앙선이 없다. 당연히 있어야 할 선, 이것이 없다. 그런데 차들이 그냥 명동과 홍대 앞 거리의 사람들이 오고 가듯 잘도 비껴간다.

누구도 뭐라고 하지 않고 그저 조금씩 앞으로 열심히 빠져 나가는 운전사의 표정이 진지할 뿐, 전혀 기분이 나쁘다거나 화를 내는 표정이 아니다. 부처와 보살들의 표정이 아마 이러리라.

승용차를 사서 여행도 다니다가 파견이 끝나면 도로 팔고 가리라고 생각했는데, 막상 찻길을 보고 언어를 생각하니 자신이 없어졌다. 사고나 갈등이 생겼을 경우 말도 못 할 테고, 더구나 외국인이 차를 소유할 수 없어서 여기 한국인들도 현지인 이름으로 차를 가지고 있다고. 알아야 할 것이 한둘이 아니다.

프라부름 _ 넷째 날

늘 좋은 일만 다가오는 것은 아니지만
그렇다고 낯설고 물선 이국땅에서
어떤 일이든 가슴 조이지 않을까
여관집 종업원이 카드 전표를 얼른 감추기 전에

3,440솜만 계산해야 맞는 셈인데
그보다 먼저 340,000솜이 떡하니 승인된 것을
몇 시간 후에야 알았다
인터넷이 느리고 집 구하느라 경황이 없는 와중에

가맹점에서 취소하면 금방 될 줄 알았던 일이
주말을 지나 월요일에 같이 은행을 가도 해결이 안 된다
할 줄 모르면 할 수 없는 일이 되는 나라
우리나라도 예전엔 안 그랬나

온갖 것을 다 때려 넣은 잡탕국을 앞에 놓고
내 인생 같아 처연했다
한 가지 맛으로 정갈하게 살기에는
이미 너무 멀리 왔나

집 청소를 하던 중 갑자기 날아온 휴대전화 문자를 보고
놀랐다. 이틀 묵은 게스트 비용으로 340,000솜, 한화로 약
500만 원이 결재되었다는 것을.
놀라 지원 요원에게 전화를 거니 아닐 거라고 하다가, 휴대
폰을 찍어서 보여 주니 그럴 리 없다고.
정말 그럴 리 없으려나. 나도 모르게 손이 떨리기 시작한다.

물 _ 열두 번째 날

저녁을 먹고 키르기스어를 공부한다
물이 '수-우'인데 '수-루우' 하면 예쁘다란다
한국어의 예쁘다는 가련하다에서 왔는데
키르기스의 예쁘다는 물에서 태어났나 보다

건조한 사막 길에서 물 같은 사람을 만나면
늙어도 오래오래 가슴이 촉촉하려나
비가 오나 해서 창밖을 내다보니
계절 모르는 차들이 차선 없는 도로를 질주한다

저 길 끝에도 근대화가 있을까
도로를 가득 채울 것이 비단 차만은 아닐 텐데
가을은 한 뼘 더 내려앉고
귀뚜라미 소리 낭창하다

두 주쯤 지나니 안 보이던 것들이 하나둘씩 보이기 시작한
다. 처음으로 비 구경도 하고, 학생들의 표정 속에 뭔가가
있어 보인다.

언어가 다르면 표정도 다를까. 사람들은 다 비슷하지 않을
까. 머뭇거리다가 슬쩍 다가가 말을 걸어 본다. 그래 봤자
간단한 안부 같은 인사 정도지만. 그들도 나를 따라 말을
머뭇거리며 대답한다.

한 말을 또 하고 또다시 하고, 나 혼자만 같은 말을 반복
하고 있는 것 같다. 마음은 간절히 만류하는데 말은 저 혼
자 길을 가고 있는 듯.

말소리 _ 열네 번째 날

오시주립대 한국어과 2학년 학생들은
한글을 곧잘 읽는다
어 발음과
된소리만 빼놓고

지난주에는 '어서' 입을 벌리게 했고
오늘은 때문에 짜장면과 쌀이다
깨끗이도 한다
찐빵도 있어야 할 것 같다

아이들 발음엔
톈산산맥을 넘어온 파미르고원의 바람 소리가 난다
양을 모는 말발굽을 따라
햇살 아래 키르기스 한국어가 따라간다

강한 햇살에도
눈살 한번 찌푸리지 않고
더워하는 기색도 없이
개쿳한 차장면이다

처음 소개하면서, 한국은 그리 아름다운 나라가 아니라고
했다. 좋은 점도 많지만, 자살률도 높고 출산율도 낮은.
행복하지 않은 이유는 수백 가지인데 나도 잘은 몰라서,
그것을 알아보려고 오히려 나는 여기에 왔노라고. 그러니
외국에 대한 환상을 버리라고. 언어만 배우려 하지 말고
그 나라 사람들의 생활 태도를 보고 좋은 것만 골라 가지
라고.
반응이 영 이상한 표정이다.

정전 _ 열다섯 번째 날

전기가 나갔다
잠시 들어온 전기는 또 나가서 들어오질 않는다
아까는 시내 술레이만 산쯤 갔다 오는 것 같았는데
이번에는 서툰 영어 대화를 한 시간쯤 견디어도 돌아오지 않는다

남부 바트켄 지역엔 분쟁이 일어났다는데
국경을 넘어 타지키스탄을 기웃거리고 있는지
아이들은 언제 어떻게 한국에 갈 수 있는지를 묻고
부학부장은 언제 어떻게 비자가 나올지를 궁금해한다

돈이나 비자가 없어 못 가는 나라
내가 떠나온 나라
어머니 신장 투석 비용을 댈 수 있는 나라
잘사는 사람들과 함께 있을 수 있는 나라

어려운 외국어를 참고 배우며
불법이라도 한국 가는 꿈을 꾸게 하나
학교에서 나간 전기의 뒤를
동네 아파트 것도 따라 나간다

멋지고 아름다운 경치는 관광객 몫이고

하루 500솜 일당은 아이들 몫이고
한 달 300불의 봉급은 교수들 몫이고
어둠 속에서 밥을 먹어야 하는 것은 내 몫이다

전기와 인터넷이 그나마 잘되는 나라. 그러나 수시로 정전
과 단수가 잦다. 인터넷이 자주 멈추고, 조금만 인가 없는
야외로 나가면 인터넷이 안 된다.
그러나 다들 그러려니 하며 잘 사는 나라에, 왔다.

시차 _ 열여섯 번째 날

당신의 말은
늘 시간보다 미리 도착한다
깨고 보면
말하다 말고 떠나 버린 흔적

자고 일어난 시트에 남겨진 밤새 안부와
창틈으로 들어온 고운 먼지
힘들게 출근길을 걸어 내려간
낮은 구두 굽 소리

아이들도 학교 가 버린 아파트 마당 위
그대가 타고 왔을
중앙아시아의 구름과
천천히 내려앉는 티베트의 바람

석회석 가라앉은 물 한 잔을 받아
건네면
어느새 돌아가 버린
여섯 시간

그대 있는 쪽을 한 번 바라보고

히잡 같은 옷을 챙겨 입는다
거리는 뜨겁다
거긴 벌써 밤일 텐데

시차 때문에, 아침에 일어나서 시계를 보면 한국은 벌써 점심이다. 한국에서 보내온 아침 인사는 채 잠에서 깨지 못한 어둑새벽에 이미 날아와 창가에서 밤 부엉이처럼 졸며 나를 기다리고 있다.
해가 지면 하루의 그리움을 모아 저녁 인사를 보내야 하는데, 자고 있을 그대를 깨우지 못해 발송 버튼을 채 누르지 못하고.

슬픈 라면 _ 열여덟 번째 날

수업을 옮겨 달라고 학생들이 전화했다
자퇴하는 학생의 송별 점심 때문인가
잡고 싶어서 몇 가지 현실적인 대안을 내밀었다
두 배의 아르바이트비를 줄 테니 키르기스어를 가르쳐 달라고 했다

한국어 능력 시험 4급 특별 지도도 약속했다
방세를 감당할 보수도
아흔아홉 마리 양을 두고
한 마리를 찾던 마음으로 매달렸다

아이들 앞으로 라면이 배달되었다
몇몇 아이들은 치즈라면
김밥을 공용으로 세 개나 시켰다
튀김도 두 개나

음식 사진을 찍고
셀카를 찍고
동영상을 찍고
그리고 조용히 먹었다

오래 기다린 라면은

소리도 없이 사라졌다
라면값은 아이들이 내고
공용 음식은 교수 몫이다

내일도 학교 오라고 했다
고개를 좌우로 흔드는 모습에 언제든 오라고 바꿨다
자전거를 타고 먼저 내려오는 바람에
부둥켜안은 눈물은 보지 못했다

라면 김밥 떡볶이 튀김으로
가장 화려한 송별식 음식 앞에서
아이들은 낙타처럼 물을 들이켰고
오래 걸을 듯했다

학생들이 한국어과에 들어오는 가장 큰 이유는 한국에 가
고 싶어서다. 그런데 여러 가지 이유로 자퇴생이 발생한
다. 학교 교육과정 때문에, 집안 사정 때문에.
처음 얼굴을 보고 인사를 나눈 아이였다. 한국말도 곧잘
하고, 인상도 좋고, 심성도 곧아 보이는데, 왜 그만두려 하
는 것일까?
말로는 한국어과 교육과정에 엉뚱한 것들이 많아 숫제 혼
자 공부하는 것이 더 낫다고 하는데, 실상은 4년을 버티기
싫거나 힘든 모양이다.
오자마자, 아니 만나자마자 이별이다.

열쇠 수리 _ 스물두 번째 날

어제 산 자전거 자물쇠가 고장 났다
들어간 열쇠가 빠지질 않는다
자물쇠를 판 시장 가게를 찾아가 보았다
오늘따라 문은 더 굳게 닫혀 있었다

앞집에서 수리하는 곳으로 가 보라고 한다
다행히 리몬트라는 러시아어를 기억해 둔 덕이다
손짓하는 곳쯤에 가서 자물쇠를 들고 크게 외쳤다
델몬트 아니 리몬트

한 사람이 손짓으로 방향을 가리킨다
그 방향 끝에서 또 한 사람은 반대 방향을
결국 알고 보니 중간쯤에 있었다
방향은 맞으나 어느 정도를 몰랐던

잘생긴 수리공은 받자마자 드릴로 자물쇠 옆에 구멍을 판다
다음 날 가져다가 교환할 수도 있을
4,000원짜리 자물쇠를
톱질을 해 가며 한 시간을 그렇게

열쇠는 비로소 빠졌고

다시는 걸리지 않게 했노라고
수리비 640원을 받으며
자랑스러운 눈빛으로 말한다

그만두고 도로 달라고
몇 번이고 말하려다 망설인 끝에
때론 이렇게 환한 눈빛도 본다
시장 굴다리 밑에서

또 무엇이든 고장 날 수 있겠지
다른 것도 다 이렇게 고쳐 줄 것 같아
그 자리에 퍼질러 앉아 신세 한탄하려던 나를
간신히 끌고 왔다

지원 요원이 쓰던 헌 자전거를 주어서 자물쇠를 하나 샀는
데, 바로 다음 날 작동이 안 된다. 어제는 되었는데.
요원이 예전에 알려 준 '수리'라는 러시아어 '리몬트'를 기
억하고는 수리할 곳을 찾았다. 저기 어딘가에 수리점이 있
다는데 막상 가 보면 없다. 이쪽에서는 저리로 가라고 하
고, 저쪽에서는 이리로 가라고 하고. 그 사이 어딘가에 숨
어 있을 수리공을 찾기가 어찌 이리 힘든지.

눈썹 _ 스물다섯 번째 날

눈썹이 길고 겉눈썹이 찐한
움푹한 눈의 히잡 여인들을 보면서
낙타를 생각한다
긴긴 사막 길을 물도 없이 걸어가는

마른 땅엔 안개처럼 먼지가 피어나고
종일 바람이 몸 주변을 감싸는 곳에서
긴 눈썹만이 내 숨을 가리고
먼 길을 멀리 바라볼 수 있으리

집에서 한번 물을 먹고 나오면
종일 목마른 표정 한번 없이
햇살 속을 꼿꼿이 걸어간다
더운 바람이 분다

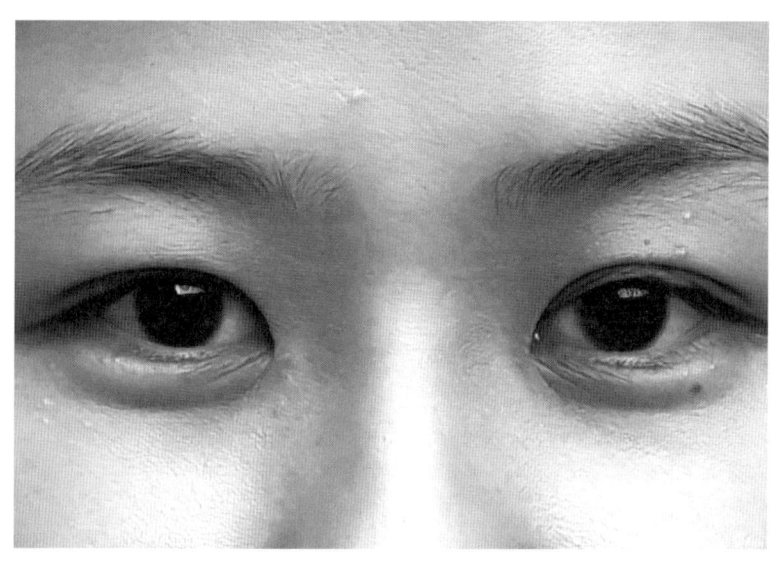

사람들 대부분 눈도 크지만, 눈썹도 진하고 길다. 인조 눈썹을 붙인 것처럼 길고, 숯으로 그린 것처럼 진해서, 안 보는 척하면서 한참씩 쳐다보는 무례를 범하기도 한다.

수업 시간에는 아이들이 칠판 글씨를 받아 적는 동안 물끄러미 그 눈을 보다가 묻는다. 너희들이 보기에 한국은 어때? 눈이 좀 작아요.

꿈꾸지 않으면 _ 스물여섯 번째 날

한국어과 교실에 오면
학생들이 늘 동영상을 틀어 놓고 따라 춤추고 있다
유일하게 대형 TV 화면이 있고
공강 시간에도 타 과목이 쓰지 않으니

노래 악보를 구하고 몇 번 동영상을 들려준 뒤
그래도 어느 정도는 따라 할 줄 알았다
대부분 음감이 바닥이다
노래는 해 본 적이 없다고 한다

칠판에 오선지를 그리고
계이름을 적어
피아노 앱을 내려받아서
작은 피아노 건반을 누르게 했다

처녀들 여섯 명이
고음 불가가 되어
스스로 웃고
덕분에 시간 가는 줄 몰랐다

가사의 숨겨진 의미는 알까

배우는 것은 꿈을 꾸는 것이고
가르치는 것은 희망을 노래하는 것이라는 것을
나는 알고 아이들 앞에 서 있는 것일까

내 업무는 한국어교육과 학생들이 한국어를 잘 배워 그들
이 한국어 교사가 되어, 한국에서 교사가 파견되지 않아도
되게 하는 것이다.
키르기스스탄의 대학은 유럽 스타일이라서 도시 이곳저곳
에 작은 건물로 흩어져 있다. 한국어과는 외국어학부 소속
이고, 본관 옆 작은 건물 3층이 전공 강의실이다.
그런데 막상 수업을 하다 보면 이런 목적 따위는 금방 잊
는다. 교육은 그냥 같이하는 활동이며 놀이다. 좋고 재미
있는 시간, 그래서 늘 기다려진다.

구름 _ 스물여섯 번째 날

구름이 없다
구름이 없으니 공중에 바람이 없고
바람이 없으니 하늘이 그대로다
하늘이 움직이지 않으니 그대도 없다

오는 게 없으니 가는 것도 없고
가는 게 없으니 답장도 없다
쌀을 씻고 뜨물을 흘려보내나
개울 없이 흐르는 소리는 과거도 없다

커다란 난(빵) 세 개를 사서
문에 걸어 둔다
누군가 어둠보다 먼저 내려와
저녁을 가지고 올라가기를

답장 없는 편지를 써서
창문에 붙이고
구름 없는 하늘을 보며
없는 이름을 부른다

빵이 밥이다. 탄두리에 구운 소금 친 바게트 비슷한, 혹 굳
거나 남으면 버리지 않고 누군가라도 먹으라고 봉지에 넣
어 잘 보이는 곳에 걸어 둔단다.
한국 빵과 달리 결정이 단단해서 조금만 먹어도 배가 부르다.
날씨는 늘 맑다. 구름 한 점 찾기 힘들 정도로.

술레이만 투 _ 스물일곱 번째 날

아저씨 어디서 왔어요 한국
아저씨 몇 살이에요 오십팔
와, 어려 보여요 고맙다
근데 왜 산에 가요 글쎄다

나이 들어 산에 가는 이유는
나이만큼 슬픔이 몸에 가득해서야
높은 곳에 오르면
조금이라도 덜어질까 해서

해마다 슬픔은 고여 쌓이고
친구들은 하나둘씩 떠나가는데
해가 있을 때만이라도
가라앉지 않으려고

말하다 보니
구글 번역기로 질문을 하던 아이들이 없다
너는 왜 산에 왔냐고 묻고 싶은데
저만치서 노느라고 나 혼자 묻고 대답한다

술레이만 투(산)에 간다. 인구 30만 오시의 가운데 우뚝 솟은 돌산. 성서에 언급된 다윗의 아들 솔로몬의 산이라고도 하고 술레이만 대제의 산이라고도 한다. 산 남쪽에는 공동묘지처럼 무덤이 많다. 아이고 어른이고 많이들 올라온다.

삼사 _ 스물일곱 번째 날

배가 고파서 샀어요
삼사를 파는 아가씨가 예뻐서 산 거 아녜요
잠깐 그 아가씨의 눈썹에 마음이 흔들렸으나
여긴 구름도 없는 나라라고요

삼사 위에 설탕인가 밀가루인가 하는 것을 뿌리는 모습이
땅 위에 눈을 뿌리는 모습 같았어요
지나쳐서 오다가
결국 돌아섰지요

구글 번역기로 이게 뭐냐고 물어도
여전히 답은 없어요
그냥 웃고
손가락으로 가리키는 것밖에

자주 갈 것 같아요
다른 데보다 5솜씩 싸고요
좀 멀어도
더 맛있는 것 같아요

술레이만 투에서 내려오다가 집으로 가는 길에, 한국으로 치면 고로케 같은 빵인 삼사를 봤다. 아니 삼사 파는 아가 씨의 눈썹이 너무 길고 인상적이어서 가던 길을 돌아서 다시 갔다. 떠듬거리는 키르기스어로 주문하고, 빵을 담아 주는 동안 슬쩍 그 모습을 카메라에 담아 본다.

부고 싶다 _ 스물여덟 번째 날

아누리 니다러 더 아무까
바보처럼 울고 있는 너의 같은
상처는 주는 날을 난 모르고
기다리 떠나가 말야나

김범수의 노래 '보고 싶다'를 좋아한다고 해서
틀어 주고 가사를 적어 보라고 했다
감동은 눈빛처럼 깊고 그윽한데
의미는 사소하게 삐걱거리고 있다

부고 싶다, 부고 싶다
이런 내가 미워질 만큼
울고 십다 내가 무릎
모든 없던 일이

부고 싶다고 말하면서도
간절함은 그에 못지않고
네게 무릎을 꿇든 내가 무릎을 꿇든
상관없는 사랑

다음은 조덕배의 '나의 옛날이야기'를 하잖다

열여덟 살 처녀에게 어떻게
유튜브를 보니 6세 어린이가 이 노래를 부른다
눈을 지그시 감고

말하기와 듣기 연습을 위해서 노래를 가르쳐 주고 같이 부른다. 각자 한국 노래 중에서 애창곡이 될 노래를 고르라 했더니, 인기곡들을 잘도 찾는다. 그 노래를 몇 번씩 들려 주고 소리 나는 대로 가사를 잘 적어 보라고 했더니 이상한 한국어가 춤을 춘다.

쇼로 _ 스물아홉 번째 날

나랑 같이 점심 먹으러 갈래
비르게 투쉬귀 타마크타누누 카아루시즈비
이 말을 가르쳐 달래서
1학년 학생들 다섯 명과 버거 가게엘 갔다

가는 길에 이건 꼭 먹어 봐야 한다고
우유에 소금과 식초를 탄 듯한
가득 한 컵을 도저히 먹을 수 없다
찡그린 동영상의 주인공이 될 뿐

짜게 먹는 이유는 뭘까
몸에 더 많은 물을 저장하기 위해
물보다 긴 생명을 위해
햇살 아래 짠 음료를 들이켠다

다시 도전해 보리라
언제 끝날지 모르는 사막 같은 길에서
한 줌의 물도 그러모아
태양을 걸으리라

다음에 그대를 만나면

이렇게 말할까
이거 마실래
나랑 사귈래

2학년 아이들과도 친하지만 1학년 아이들이 좀 더 귀엽다.
꼭 그래서인지는 몰라도 조금 더 많이 점심을 같이 먹게 되
고, 그러다 한 학생의 농간(?)으로 곤욕을 치르기도 한다.
길을 가다가 갑자기 서더니 휴대전화를 달라고 해 놓고, 길
가에 냉차 수레처럼 되어 있는, 색깔별로 다른 3개의 통에
서 소금과 식초를 친 우유 같은, 이름은 쇼로라고 하는 것
을 권해 마시게 한다. 말없이 웃음을 감추며 권할 때 얼른
알아봤어야 했는데.

제2부

이식쿨 _ 서른두 번째 날

따뜻한 호수는 없다
바라보는 사람의 마음이 따뜻했던 거지
눈 덮인 톈산 아래
바람도 살금살금 지난다

빛이 비치기 시작하는 얼굴을 본다
솜털처럼 흔들리는 낮
잠시 돌아누워도 될 텐데
그저 당신처럼

내일도 따뜻하기를
오래 만난 것처럼 기쁘고
처음 손잡을 때처럼 설레기를
다시 못 볼지라도

'이식쿨'의 뜻은 따뜻한 호수란다. 해발 3, 4천 정상에 쌓였던 눈들이 일 년 내내 천천히 녹아 흘러 이 호수를 채운다고 한다. 둘레가 차로 부지런히 돌아도 대략 여섯 시간쯤 될 이 넓은 호수는 돌소금이 잔뜩 녹아 있는 건지 겨울에도 얼지 않는다.

가도 가도 이어지는 톈산(天山)과 드넓게 펼쳐진 호수, 그 속에 나를 두고, 또 다른 내가 나를 바라본다.

암각화 _ 서른두 번째 날

반환점이 없다고 생각했다
죽음에 이르러서야 돌아가리라고
죽음도 못 하는 나머지 반을
여행은 서슴없이 보여 준다

흘러가던 물이 뒤를 따르고
바람은 발릭치 언덕에 암각화를 새긴다
돌에 들어간 사슴들은 아직도 흰데
깊어져 가는 하늘빛은 옥수수 벤 자리에 눕는다

내 삶도 돌아가는 길인가
기쁨과 슬픔을 반대로 보고
만났던 사람들과 헤어지고
문득 누군가를 기억하면서

다시 오시로 돌아가는 길, 촐폰아타에서 발릭치 가는 길
오른쪽 언덕에 암각화가 곳곳에 벌여 있는데, 웬만한 운동
장보다 넓고 양이 많다.

수없이 다양한 모양의 돌 그림. 태초의 그림들이 돌에 새
겨져 수천 년을 서 있다. 모양이 선명하고 놀라워 그 모양
하나하나를 보다 보면 당시 사람들의 마음과 염원을 조금
은 알 것 같다. 산등성이 하나를 가득 채운 그림들. 밤이 되
면 이 돌들이 일어나 말하리라.

새벽 공항 _ 서른세 번째 날

계획을 세운다는 것은
허무함을 짓는 일이다
출발일을 앞두고
날씨에, 건강에, 이유는 많다

떠나려는 사람의 가슴속엔
떠나지 못한 꿈의 잔해가
그득하다
부수고 못 치운

오늘 하루가 좋다고
내일도 그러라는 법은 없으니까
밤새 그리고 지운
절망에 가까운 꿈들

그대와 그리다 치운 꿈들이
새벽 공항 하늘에 흐리다
이 겨울이 가기 전
별을 볼 수 있을까

대합실에 안고 누운

저마다의 꿈을 모아
비행기에 오른다
잠깐이라도 잠들 수 있기를

이식쿨을 갔다 오느라고 공항에 왔다. 공항에 온다는 것은
불안과 설렘이 반반이다. 왜 떠나야 하는지 스스로에게 묻
는 시간이기 때문이기도 하고, 떠나고 돌아오는 수많은 이
유를 알기 위해서이기도 하고.

펜스 _ 서른네 번째 날

벌써 닫았어야 했다
열린 문으로 들어온 추위가
한 계절을 바꾼다
닫고 온기가 나가지 못하도록

중앙난방식 라디에이터 시스템이 작동되는
십일월이 되기까지는
체온과 낮에 챙겨 두었던 온기로
밤을 지내야 한다

들어올 것만 생각했다
햇살과 바람 같은 것
마르는 빨래에 꽂혀서
활짝 젖혀 두고 잊었다

온통 열린 문들이
방 안 공기를 산책시키고
불러 모을 줄 모른다
밤이 깊었는데

이제라도 문을 닫고

두 잔의 물을 끓인다
한 잔은 문밖에서 서성일 너를 위하여
또 한 잔은 잡을 곳 없는 빈 손잡이를 위하여

「펜스」라는 영화가 있다. 덴젤 워싱턴이 쓰레기차 운전사로
나와 아들을 권위적으로 혼내는 2016년 영화.
아내 비올라 데이비스는 수시로 남편에게 울타리 고치기
를 요구한다. 왜 저리 펜스에 집착할까 했는데 이제 생각
해 보니, 무언가 들어오지 못하게 막는 것이 아니라, 실상
은 밖으로 나가지 않기를 바라서인 것 같다.
들어오지 못하게 하는 것이 추위라면, 나가지 못하게 하는
것은 온기인가. 그것뿐인가….

낡은 조연 _ 서른다섯 번째 날

덜덜거리는 티코와 마티즈가
눈에 익숙해질 즈음
엔진 하나를 통째로 수술하는 장면을 본다
그것도 학교 좁은 마당에서

아예 차 위에 올라앉은 청년과
보면서 돕고 배우는 보조들
싱글거리며 즐거운 모습들
우리도 한때는 그랬는데

아버지가 지붕을 고칠라치면
사다리를 잡는 기쁨과 보람 때문에
손 하나라도 대고 있으려
맏이는 분배 권력을 누리기도 했는데

꼭 주인공이 되어야 한다고
새롭고 뛰어난 것들만 좋은 것이고
결국 피곤함을 못 이겨 아프고 죽는
우울한 나라를 떠나와

저렇게 낡은 것을 고치려 드는

늙은 것도 낡은 것도 이상하지 않은
그래서 상관없이 말을 걸고
외모도 따지지 않는

길거리 택시들은 온통 티코와 마티즈뿐이고, 가끔 외제 차
들이 오간다.
학교 뒷마당에도 움직이지 않는 차가 한 대 서 있다. 바퀴
도 바람이 다 빠지고, 몇 날 며칠 기다려 봐도 움직이는 것
을 볼 수 없는 차.
어느 날 차 보닛을 열어 놓고 젊은 청년들 여섯 명이 올라가
빙 둘러서 뜯고 고치고 하는데 표정이 꼭 파티하는 것 같다.
자세히 보니 일하는 사람보다 참견하고 조언하는 사람이
더 많은 것 같다. 한참을 물끄러미 바라본다.

사과 _ 서른아홉 번째 날

사과를 샀어요
노을을 닮은 거로요
꼭지 하나를 사이에 두고
위아래 시차만큼 붉네요

햇살은 또렷하고
하늘은 구름 한 점 없이 넓으니
보내고 싶지 않은 인연도
떠나야 하는 계절도

밤을 도와 산을 에워싸고
이제 남은 것은
항복 문서를 쓰고
겨울을 견디어야겠지요

문득 한낮에 찾아오는 햇볕이 반갑거든
빨갛다 못해 검붉었다 해요
그렇게 땅도 검어져
꼭지를 닮은 새봄을 피울 때까지

냉장고가 없어서 과일도 제철 과일뿐인데, 감 철이 지나니 이제 사과만 남았다. 감 색깔이 참 다양하고 이뻤는데.
요즘 한국 사과는 밭에 은박지를 깔아서 과일 색의 대비가 진하지 않은데, 여기는 자연 햇볕으로만 익혀서 그런지 한쪽은 붉고, 한쪽은 푸른 듯 벌겋다. 사람도 자연스러운 느낌이 제일 좋은데.

속도 _ 마흔한 번째 날

천천히 걷는다
예전에는 남들이 쳐다보면 부끄럽고 두려웠는데
지금도 안 그런 것은 아닌데
그래도 조금은 같이 바라본다

걸으면 조금씩 느껴지는
바람의 파동과
치고 빠지는 햇살의 날렵함
그 사이를 헤엄치듯 걷는 시선들

수업을 마치면 누구도 볼 일이 없는
이방인의 나라
이제 내가 기웃거린다
한참을 서서 음식점 간판도 본다

학교 마당에서 청년들이 아직도 차를 고친다
다가갔더니 물음표로 쳐다본다
엄지를 내세워 느낌표를 보인다
코스모스 없는 가을이다

이제 한 달이 지나니, 시선에서도 조금은 익숙하다. 저들은 나를 특별히 보지 않는데도, 나 혼자만 공연히 쑥스럽거나 이상하게 몸을 틀며 지냈던 하루하루가 점차 날씨처럼 내게로 스며들어 조금씩 편해진다.

가끔은 오히려 내가 더 호기심 가득한 모습을 감추지 않고 사람들을 바라보고 웃으며 걷는다. 안 보이던 것이 보이기 시작한다.

비자 _ 마흔두 번째 날

한 달 반 만에 노동허가서가 내려왔다
이제 1년 비자를 신청할 때다
서류들과 사진과 돈을 들고서
여기저기 사무실을 전전한다

건강진단을 위해 병원엘 또 간다
순서를 기다리고
사람을 기다리고
시간을 기다린다

약속 시각은 늦추어지고
오늘 약속은 내일로 미루어지고
온다던 사람은 소식이 없고
날씨는 따갑고 냇물은 흐른다

이렇게 밥도 먹고 잠도 자는데
수업도 하고 택시도 타는데
내라는 돈도 잘 내고 마트도 매일 가는데
그래도 나는 외국인이다

당신의 언어를 몰라

당신의 뜻을 몰라
그저 '예' '아니오'로만 대답하는
가을은 맞나요

내가 이방인이라는 것을 잠깐 잊고 있었나 보다. 비자 신청을 하고 그저 대기하고 있었으면서도, 여기 사람들의 말을 하나도 못 알아들으면서도….

이름 _ 마흔다섯 번째 날

아셀 메디나 카밀라 누르아이다
알리나 엘리나 아이다나 굴부락
이름 따라 꽃과 달과 빛과 향기가
학교 전체에 가득하다

해와 달 사이로 꽃이 흔들리고
바람과 빛 사이로 내가 흐른다
나는 전생에 누구의 향기였고
너는 전 전생에 누구의 달이었을까

사람은 그대 하나지만
세상은 어느 곳이나
밤꽃 향기가 내처럼 흐르고
어디선가 문득 사이렌 소리

이름의 뜻을 알면 그 사람이 달리 보인다. '누르'는 '빛'이
고, '알리나'는 '횃불', '굴'은 '꽃'이며, '아클'은 '지혜로운 사
람'이다.

동명이인이 많다. 많은 사람이 '아이다나'이고 '알리나'이고
'엘리나'이다.

학생들의 이름을 뜻으로 조용히 불러 본다.

도서관 _ 쉰 번째 날

도서관을 찾아왔다
5솜 요금을 내고
가방과 외투를 맡기고
낡은 당사 같은 계단을 오른다

책이 얼마 없다
직원들도 몇 권인지 모른다고 한다
영어권 코너와 독일어 서적들이
따로 비치되어 있을 뿐이다

기원전에 시작된 유목의 역사
말과 바람과 공동체에 충실했을 뿐
예니세이 강을 건너와
추이 계곡에 집을 짓던 기록은 거의 사라졌다

도서관 벽에 그려진
실크로드 지도를 한참 본다
여기가 거기쯤인가
이 하늘 아래 머물다 갔는가

투명한 하늘 아래

나무 사이 낮은 집을 짓고
양 떼 같은 아이들을 낳다가
고원으로 떠났구나

아이들에게 도서관에 데려다 달라고 부탁을 했다. 내가 읽
을 수 있는 글은 없겠지만 혹시나 영어라도 있을까 하는
마음으로 왔다. 이곳의 역사와 문화에 관해 내가 볼 만한
것이 혹 있지 않을까 하면서.
떠나오기 전에 공주대 조동길 교수님께서 한국 고려인이
관련된 작가의 글을 언급하신 적이 있는데, 혹 찾을 수 있
을까 하면서 도서관을 돌아본다.
유목민족이어서인지 기록에는 신경을 많이 못 쓴 것 같다.
책의 양도 적고, 기록도 많지 않아 보인다. 책 표지를 보면
서, 표지 제목을 번역기로 읽으며 시간을 보낸다.

사진을 보며 _ 쉰세 번째 날

톈산산맥의 바람이 말처럼 달려온다
바람에서 눈 냄새가 난다
겨울 점퍼 속으로 거북이 같은 사람들이
같은 방향으로 신호를 기다리고

차들은 서둘러 가을 속으로 떠나고
사람들이 뒤를 따른다
회의는 몽롱하고
교실은 여전히 춥고 어둡다

낙타를 끌고 이곳을 지나던 상인들은
이런 날이면 탄두리 구워진 난을 들고
천막 가장자리를 찾아
크므즈를 마셨겠지

가족들은 양을 잡고
쌀을 넣고 아쉬를 끓여
이마를 맞대고
서로의 입을 살폈겠지

사막을 지나고

초원을 지나고
설산도 지나고
그렇게 애써 걸어왔던 천년 세월

오늘은 학생이 보내 준
타지키스탄과의 분쟁 지역인 바트켄에서만 핀다는
아이굴 꽃 사진을 보면서
초코파이로 저녁을 대신하며

저녁에 한 학생이 톡으로 꽃 사진을 보내 주었다. '아이굴'
사진이란다. 한국어로 번역하니 뜻은 달맞이꽃. 주변에서
는 보기 어려운 특별한 꽃이란다.
스위스에 에델바이스가 있듯 여기는 저 꽃이 있다는데, 하
필 그 지역이 국경 분쟁이 가득한 바트켄 지역이란다. 전선
에 달맞이꽃이라니.

시장 구경 _ 쉰네 번째 날

수업을 마치고 집에 오는데
마음이 샛길로 샌다
몸이 따라가 보니
골목은 언제나 흑백이다

모퉁이에 앉아 향신료를 파는 아주머니
물건을 아이처럼 매만지고
주스 파는 아저씨 옆에
가치 담배를 판다

잔술과 가치 담배로 이어지는 저문 기억들
그다음은 봉지 쌀과 새끼줄 연탄
그다음은 연탄가스와 월사금으로
더는 구경할 수가 없다

배도 고프니 마음이 항복한다
아닌 척하면서 질문을 던진다
사 먹을까 아니면 집에 가서 먹을까
아픈 다리는 말이 없다

중고등학교를 다닐 때 집에 바로 오기 싫어 이리저리 골목
길을 돌아 돌아 그렇게 늦장을 부리며 돌아온 적이 많다.
왜 같은 길에 싫증이 나는 걸까.

선물 _ 예순한 번째 날

아이폰, 손목시계, 한국 여행, BTS 콘서트 표, 케이크
수업 시간에 선물이라는 말을 가르치면서
받고 싶은 것들을 물었더니
덩달아 기분이 좋아지는 말들

누가 나에게 묻는다면
보이지 않는 것
잊지 못할 순간
돌아갈 수도 없는

어느새 노을이 창문을 두드린다
저런 걸 선물할 수 있을까
더 추워지기 전에
그새 가네

선물로 뭘 받고 싶은지 물었다. 처음 학생들을 만나러 갈 때 준비해서 나누어 준 것은 볼펜이었다. 그때는 뭘 사 가야 할지 몰랐다. 진작 알았더라면 다른 것들도 많이 가져 갔을 텐데….

비가 와서 _ 예순네 번째 날

대부분 우산을 쓰지 않는다
살 돈이 없어서 그런 것만은 아니다
그냥 부는 바람처럼 익숙한 것이다
비든 눈이든 강렬한 햇볕이든

비는 흐린 날의 바람 같은 것
그렇게 천년을 살아온 양 같은 사람들이
아이들 손을 잡고
쏟아지는 빗속을 다정히 걸어간다

서로가 서로의 우산이 되고
비와 바람을 막아 주는 것이 사랑이고
그렇게 연인이 되고 부모가 되면
아름다운 쉴 곳이 생기는 거라고 믿었는데

죽으면 햇볕에 바람에
몸을 말리겠다는 어느 시인의 꿈처럼
습지에서 자란 갈대 같은 이방인에게
너무도 요원한 것일까

골라 밟아도 구두 사이로 비는 새어 들고

비보다 먼저 빗소리가 비집고 들어와
젖은 양말 같은 마음을 적시고
익숙하지 못한 세상이 따라 젖는다

우산 없이 비를 맞고 가는 사람들의 심정을 한 번 더 생각
한다. 처음에는 이상하던 것이, 이제는 조금만 이상하다.
이상한 나를 버리고, 이상하지 않은 그들 속으로 들어가
본다.

실크로드 _ 예순다섯 번째 날

낙타들이 열을 지어 가는 형상이
눈앞에 있다
여기 어디를 어떤 모습으로 지나갔을까
박물관을 다시 찾아가 본다

중국의 장안에서 시작된 행렬이
서쪽으로 몇 갈래 산맥을 비껴가다가
그중 한 갈래가 오시를 지나서
타슈켄트 길과 만나 사마르칸트에서 합쳐진다

톈산을 끼고 페르가나 고원을 지나온 행상들이
이 계곡 술레이만 돌산 아래서
봉평장에서 만난 허 생원과 조 선달처럼
성 처녀 얘기도 하고 낙타 이야기도 했겠지

오다가다 힘든 겨울을 만나면
늙은 몸을 잠시 누이고
한철 삼사나 만들어 팔면서
길에서 보았던 소금 같던 달을 그리워했겠지

82

그러는 사이

다시 봄이 오고 여름이 가고
어제 본 사람이 다시 보이지 않으면
그 이름을 돌에 새기곤 했겠지

인구 100만의 수도 비슈케크보다, 인구 30만의 오시가 예전에는 더 주목받는 실크로드의 요지였다고 한다. 낙타와 함께 길을 걷던 행상들이 오시의 돌산인 술레이만 투를 보면서 다다르고, 근처에다 짐을 풀었다 한다.
페르가나 계곡의 시작인 오시의 문화예술회관 광장에 줄지어 선 낙타들의 형상을 보며, 긴 길을 걸어온 행상들의 수고와 한숨을 차창에 그려 본다.

적선 _ 예순아홉 번째 날

아무 생각 없이 피해 다녔는데
오늘은 첫눈이 와서 그런가
길 한쪽 바닥에 파리한 여인이 앉아 있고
두세 살쯤 아기가 아장거리며 다가온다

한쪽 손을 가슴에 대고
눈으로 고맙다 말하는 아주머니에게
거기 그렇게 앉아 있으면 안 된다고
따뜻한 거라도 드시라고 나도 눈으로

쌀을 사서 집에 왔다
유난히 돌이 많다
거듭거듭 골라내다 보니
쌀에서 쉰 냄새가 난다

그래도 밥을 해 놓으니
아까 그 아이처럼 뽀얗다
아침은 먹었을까
잠잘 곳은 있는 걸까

걸음도 잘 못 떼는 아이는

언제까지 그렇게 살아야 할까
가장 쉬운 일은
주고 돌아서는 일

가장 어려운 일은
주지 못한 마음으로 살아가는 일
어제 뜬 달은 이지러지기 시작하고
밤은 쉬 잠들지 못한다

길에서 적선하는 사람을 늘 본다. 안 씻은 꼬마들도 많고,
찻길 중앙에 서 있는 장애인도 있고, 측백나무 향을 피우
며 떼로 몰려다니는 여인들도.
그런데 오늘은 눈길 차가운 보도블록에 깔개도 없이 앉은
여인과 그의 아기, 아장아장 걸어가 길 가는 행인을 붙잡
으려는 손길을 보니 그냥 지나치기가 힘들었다.

낙엽 _ 일흔두 번째 날

지난 계절을 다시 걷는다
여름의 끝자락에서 걸었던
설렘과 흥분은 낙엽처럼 지고
멎은 나무 밑에

멎은 바람을 타고 파미르고원으로
양 떼도 떠난 자일로
빈 오두막과 샘터를
별빛 홀로 지키는가

히잡 하나로 햇살을 이기던 여인들은
낙엽을 피해 걷고
아이들은 휴일인데도 교실 열쇠를 찾기에
점심도 못 먹고 달려 나간다

오랜만에 짬뽕을 먹고 싶었는데
그거 하나 가격이면
여섯 명에게 샌드위치를 사 줄 수도 있어
콜라 한 잔에 빵을 씹는다

한 계절이 또 지나

다시 이 길 위에 서면
나뭇잎처럼 떨어진 눈의 뒤태를
햇살은 어떤 기울기로 비출까

날이 조금씩 추워지며 나뭇잎이 계속 진다. 한국처럼 때가
되면 왕창 쏟아지는 낙엽이 아니라, 매일 조금씩 계속 떨어
지는 오랜 가을이다. 먼저 떨어져 머문 낙엽의 자리에 나중
의 것이 쌓이고, 그렇게 한참을 머물다 어느새 간다.

제3부

발음 _ 일흔네 번째 날

두 달 반쯤 다른 언어 사이에서 사니
천에 하나 혹은 둘 정도가 들린다
예전에는 스콜까(얼마나)만 들렸는데
이젠 얘제(언니, 이모)도 들린다

키르기스스탄에는 '어' 발음이 없다
대신 '외'와 '위' 발음이 많다
한국에도 이 글자가 있지만
지속해서 입을 모으고 발음을 유지하지 않는다

이 도시 이름은 오슈 같은 오쉬다
오시가 아니다
키르기스가 아니라
크르그즈다

아이들 오줌 뉠 때 하듯 입을 오므린 채로 계속 있어야 한다
멘 세니 작쉬 코롬 나는 너를 많이 좋아해
내가 떠올리는 너의 이름엔
오므린 발음이 얼마나 있었을까

말도 모르면서 생소한 곳에 왔지만, 그래도 혹시나 많이 들으면 귀가 뚫리려나 하는 그런 기대 아닌 기대를 했었는데, 정말 모깃소리만큼 들린다. 더군다나 오랜 한국어 교사 생활을 하느라 그런지 어떤 외국어를 들어도 그게 한국어로 어떨지 하는 생각이 먼저 든다.

번역 _ 일흔일곱 번째 날

수업이나 한인들과의 대화 외에는
온통 키르기스어나 러시아어다
그래서 말보다 글이 편하다
번역기를 옆에 놓고 왓쌉을 열고

그렇다고 쓰면 확인이라 전달되고
착하다고 쓰면 달콤하다고 표현된다
했었더라면 아쉬움은 다음에 돌보겠다는 말이 되고
당신이 오지 않아서는 생략된다

할 수 없이 영어로 써 본다
아이 원트 아이 니드
그렇게 원하고 그렇게 필요한 것은 아닌데
저스트 정말 말하고 싶은 것은 다른 곳에 가 있는데

마주 보는 눈빛이 아니면
소통하기 어려운 말들
수많은 왜곡과 판단은
날마다 호환 마마다

번역한 문장을 다시 바꾸어 살펴보고

주어도 넣고 동사도 바꾸어
보내기 전에 다시 한번 살펴본다
말도 안 되는 글들

내일모레는 언제쯤일까
나중은 정말 온다는 말일까
아니면 기다리지 말라는 말일까
이 시를 번역기에 돌리면 무슨 말이 될까

말을 주고받고, 그래서 당신을 꽤 안다고 생각했는데, 그
동안의 내 말은 당신에게 하나도 도달하지 않았음을, 이
렇게 외국에 나와서 비로소 깨닫는다.

희망 고문 _ 여든한 번째 날

학생들이 오늘도 묻는다
언제 한국에 유학 갈 수 있냐고
언제가 문제가 아니라
가서 무엇을 하느냐인데

극히 일부 선배들이 GKS 장학생으로 가서
돈 안 들이고 공부하고
번역 아르바이트까지 했다니까
비슷한 소망을 가져 보는데

오후며 주말이며
닭공장에서 일하는 유학생들은 안 보이나
말도 잘 안 통하는 유학생들에게
그리 좋은 아르바이트 자리가 많을까

돈과 공부를 생각해서
미국 등에 갔었던 한국인들을 생각한다
힘들게 아르바이트를 마치고
바라본 하늘은 어땠을까

아이들이 생각하는 한국은 천국이 아니라고 말하는 나는
또 다른 꼰대인가, 아닌가. 그래도 꿈은 아름다운데….

이반 일리치의 죽음 _ 여든두 번째 날

그 이름이 그 이름이다
분명 다른 사람이겠지만
예고로비치 셰베크나 표도르 바실리예비치나
이촌동이나 인천이나

그 얼굴이 그 얼굴이다
히잡을 쓴 여인들이나
검은 옷에 수염을 기른 청년들이나
키르기스스탄이나 크르크즈나

이렇게 시작한 책 읽기가
한 시간이 지나도 익숙해지지 않는다
저 이름은 무슨 뜻일까
이제야 두 번째 페이지다

끄라소프는 어떤 느낌일까
영수나 은서일까 아니면 봉구나 필순이일까
뾰뜨르는 표도르와 얼마나 다를까
학교를 걸어가면서 반복해서 외운다

영숙이와 영순이의 구별처럼

너를 알아볼 시간은 얼마일까
이 책을 다 읽으면 겨울도 지날 것 같다
두 번쯤 읽으면 여름이 오겠지

수업을 마치고 러시아 소설을 찾아 읽는다. 한국에서 읽던 것과 달리 작가가 내 가까운 곳에 있는 느낌이다. 근데 이름이 길다. 저 이름은 무슨 뜻일까.

방과 후 _ 여든네 번째 날

아이들이 돌아간 교실에서
햇볕과 수업을 이어 간다
창가 자리에 앉아
유창한 현지어로 가을을 읽는다

늦게 들어온 햇빛이
세 시가 안 되어 빠져나가기 시작한다
벌써 보내기에 아쉽지만
갈 곳이 멀다 하니

톈산을 넘어와서 우즈베키스탄 쪽으로
비자도 없이 기울어 간다
내일도 있으려나
나도 있으려나

시간은 흘러가는 것이라고 배우고 인식했었는데, 지금 와
서 다시 생각해 보니 시간은 그저 있는 것이다. 나도 그저
있다. 햇살처럼 머무는 그대, 나도 비추어 주길….

감 _ 여든일곱 번째 날

겨울이 오기 전에 감을 딴다
사다리를 꼭 붙잡고
떨어지는 감 가지를 받는다
몇 개는 손에서 벗어나 땅으로 흘렀다

전구처럼 빛나는 감 뒤로
푸른 하늘이 쏟아져 내린다
삼십 분이 지나자
감나무 밑에 불이 났다

담아 주는 감을 가지고 늦가을 길을 걷는다
밤에도 집 안이 환할 것 같다
잘린 가지 대신 하늘을 접붙인 감나무가
자꾸만 보고 싶다

겨울에 들어서면서 몇몇 과일들이 대부분 자취를 감추고,
이제 그윽하고 풍성했던 감잎들도 떠나려 한다. 아직 감나
무에는 감이 몇 개씩 매달려서 낯선 이국의 하늘을 밝히고
있는데.

서시 _ 여든아홉 번째 날

어제는 진달래꽃
오늘은 윤동주의 서시다
'우러러'까지는 어떻게 설명이 되었다
그걸 흔들고 가는 바람을 어떻게

살면서 누구나 많이 흔들리지 않냐고 하면
어떤 표정으로 바라볼까
때가 되면 알려나
모르고 지나가도 괜찮겠지

오늘 배운 단어를 칠판에 써 보니
스무 개 남짓 된다
오늘 밤에도 별이
바람에 스치우려나

한국어를 가르치면서 한국의 명시 한두 개쯤은 알고 있으면 좋을 것 같아서 번역했는데, 막상 그 번역기가 시를 제대로 맞게 번역했는지를 모르니 답답하다. 영어 번역문은 대충 알겠는데 키르기스어와 러시아어는 이게 맞는지 틀리는지 몰라 또 고민된다.

내 말은 잘 번역되고 있나요.

새벽밥 _ 아흔 번째 날

새벽에 허기가 져서
떠지지 않는 눈으로 쌀을 씻어 안친다
사 놓은 쌀이 있다는 것이 얼마나 다행인지
남은 고등어 한 토막도

어제저녁도 잘 먹었는데
밥 아닌 뭐가 고픈 건가
몸에 물어보나
내가 알아들어야지

새벽에 일어나
어두컴컴한 길을 걸어가 본 적이 있다
김민기 노래를 반복해 부르며
공주에서 논산이나 부여 쪽으로

그 길 끝에 이 길이 있었나
키르기스스탄에서
오시에서
그다음은

배고픔을 잊고

파미르고원 쪽을 향한다
해는 등 뒤에서 비추고
설산은 불타기 시작한다

김승희 시인의 시 「새벽밥」을 읽는다. 너무 어두워 밥솥을
열어 보니 하얀 별들이 밥이 되어 으스러져라 껴안고 있
다는 말이, 별이 쌀이 될 때까지 살아야 한다는 말이, 별이
밥이 될 때까지 살아야 한다는 말이, 눈물을 줄줄 흘리게
만든다.

눈 내리면 _ 아흔다섯 번째 날

이사 오던 날부터
집 안 모든 문을 열어 놓고 산다
누구도 가두기 싫어서
마음대로 돌아다니라고

가끔 오가는 바람 때문에
문들이 끼익 소리를 낸다
그것도 반가운
그런 오후

드디어 눈이 쏟아진다
처음에는 조금 마당을 적시더니
팔다 남은 물건이나 주인 없는 차 지붕
사람이 오가는 길까지

눈이 내리면 뭘 하고 싶냐는 학생의 말에
손잡고 걷고 싶다고
내 손은 여기 있는데
손잡은 기억이

도심의 비싼 아파트를 벗어나 새로 이사한 곳은 오시기술대학 가는 쪽의 주택가인데, 그저 택시 기사에게 '이사노바 31'이라 하면 데려다 준다. 바람이 다른 곳보다 많이 불어 기온이 조금 낮고, 지는 해의 시선이 낮고, 마당의 그림자도 길고, 집 앞을 걸어가는 사람들의 구두 소리도 오래 남는 곳.

짧은 여행 _ 아흔여덟 번째 날

버스를 잘못 탔다
157번이 집에 간다고 알려 주어서 믿고 탔는데
어떤 여학생이 자리도 양보해서 기분 좋았는데
처음 보는 세상이 나타난다

낯선 길에 못 보던 마트
어리둥절하게 이어지는 외곽 도로
그리고 펼쳐지는 겨울 들판
어느 마을로 가는지 승객은 몇 안 남았다

다시 처음 버스 탄 곳으로 돌아와서
이번엔 142번을 탔다
같은 번호에 두 가지 코스가 있는 것을 몰랐다
외곽 엉뚱한 곳에서 내렸다

일월 초에 튀르키예에 가려고 알아보는 중이다
여행이 별건가
처음 보는 낯선 곳에 가서
시간을 보내다 오면 되는 것

오늘 나는 45솜 765원으로

튀르키예도 가고
우즈베키스탄도 가고
많이도 다녔다

집에서 학교로 가는 버스와 학교에서 집으로 돌아가는 버
스의 번호가 다르다. 다 외우기 힘들어서 기본적인 몇 개의
차 번호만 외우고, 정류장에서 기다린다.
앱을 보면 집에 간다고 해서 탔는데, 엉뚱한 곳으로 한없
이 간다. 내 인생처럼….

번거로울지 몰라 _ 백다섯 번째 날

드라마 「오늘은 좀 매울지도 몰라」를 봐서 그런가
수업하다 말고 마지막 소원을 말해 버렸다
죽기 전에 정리할 시간이 있었으면
시간이 한 달쯤 주어진다면 뭘 해야 할까

노트북 데이터도 지우고
통장과 고지서 이름도 반납하고
집과 재산 정리
마지막 인사

쓰다 만 글들은 어떻게 할까
장례 같은 것은 일절 없었으면 좋겠다
장기 기증이나 시신 기증을 하고
바람처럼 날아갔으면

마지막 인사는 뭐라고 해야 하나
먼저 가서 미안하다고
생을 넘어도 남는 것은 무엇일까
두고 가는 이름 석 자뿐일까

일찍 찾아온 저녁

아까 본 노을을 생각하다가
꾸벅꾸벅 존다
꿈이었나

죽음이 두려운 것이 아니라 준비 없이 죽음이 닥쳐오면 어떨까 싶어서 그게 걱정이다. 뭔가 정리 없이 두고 가는 게, 나는 그게 많이 신경 쓰여서.
장례를 도와줄 사람이 필요한 것이 아니라, 정작 내 뒷정리를 도와줄 사람이 필요한 것이라는 생각을 한다. 이것도 사업이 될 수 있을까.

사랑 _ 백여섯 번째 날

모처럼 따뜻한 날씨
점심 후 산책까지는 괜찮았다
놀이기구를 타자는 말에 몇 번은 거절했으나
뭔가 같이하고 싶은 마음에

한쪽 평형감각 기관이 고장 난 것도
그래서 유달리 멀미가 심한 것도
그 순간 가로막지 못했다
그저 같이 따라가야 할 것 같은

회전하는 그네가 땅을 박차고 올랐을 때부터
후회는 초속으로 빗발쳤다
좀 전에 먹은 라그만이 위에서 요동쳤고
얼굴은 백지장처럼 하얘지고 있었다

애들은 서둘러 벤치를 찾고
껌과 물을 챙겨 주고
등을 이모처럼 빌려 준다
사람도 많은 공원에서

교실에 들어오니

1학년 아이들이 드라마를 보고 있었다
뒤편에 붙여 놓은 의자에 가서 누웠다
끼무룩히 잠이 들었다

자다 깨면 아이들의 웃음소리 말소리
양 떼들의 수다
몇 번이고 깨다 잠들고
영원히 계속되기를

교실 뒷정리를 마친 아이들이
하나둘 인사를 한다
비몽사몽간에 보내고 나니
노을이 혼자 붉다

놀이기구를 타면 너무 힘들어서 항상 피했는데, 아이들의
강권에 차마 거절을 못 하고, 또 같이해 보고 싶어서. 그것
도 사랑이라면 후유증이 크다.
후유증을 알면서도 거절하지 못하는 것이 종종 있다. 술자
리가 그렇고, 돈거래가 그렇고, 때론 여행도 그렇다.
나는 사랑이 그렇다.

꿈에서도 _ 백열 번째 날

익숙해지면 안 좋은 것 중 하나는
잊었던 것들이 다시 돌아오는 것
떠나 없어졌다고 생각했던 것들이
은연중에 도로 와서 기웃댄다

떨어진 입맛이나
잃어버렸던 비상금
희미해져 버린 첫사랑도 아니고
불면증과 악몽이라니

어젯밤 꿈엔 무엇이 내 속을 긁었는지
화가 나서 대들었는데
막상 목소리는 기어들어 가고
가슴만 터질 듯

참지 못하고 떠나온 것도
그것과 이별하고자 함인데
막상 그들은 다 잊었을 것을
혼자만 분을 삭이지 못하나

길모퉁이에서 사과를 샀다

은행잎처럼 노란 시간을
하염없이 바라보고 있는 아주머니
노을빛이 따라온다

어느 하루도 그냥 쉬는 것 없이 수업 후에는 독서와 합창
과 붓글씨와 모임으로 채우던 한국에서의 나날을 버리고,
그저 수업만 하고 밥 먹고 시장 들러서 과일 하나 사서 돌
아오는 나날을 오래 하다 보니, 하루가 열흘 같고, 하루가
한 달 같다. 산사의 하루 같다.
돌아보면 혼자만의 시간이 나를 키워 주고 빈 공간이 나를
천천히 훑고 지나간다.

휴대폰을 바꾸며 _ 백열세 번째 날

깨진 휴대전화가 깜빡깜빡해서
한국에서 사서 보내 달라고 했다
마침 내일 들어온다는 사람이 있어
얼굴도 모르는 번호에 굽신거렸다

삶도 어느 순간 이렇게 바뀌어지겠지
신도 손이 미끄러워서
혹은 다른 곳을 보다가
무심히 그러지는 않겠지만

결과적으로 누구든
나이와 상관없이 다치고 죽고
병들고 늙고
순서 없이 사라지고

휴대전화가 뜻밖의 배송으로 교체되듯
내 삶도 언젠가
누군가의 먼 나라에서
다른 모습으로 걷고 있겠지

길가에 씀바귀 무리 지어 피고

바람 따라 아이들 떠들며 오가는
구수한 밥 짓는 냄새가 저녁을 부르는
물소리 찰랑거리는 곳에서

영원하리라고는 생각 안 했지만, 이렇게 교체되는 휴대전화를 보며, 나를 떠나간 것들을 하나하나 떠올린다. 영원한 것은 없고, 나도 영원하지 않고, 이런 내 생각들도 언젠간 다 사라질 테고, 뭐가 가장 오래 남겨질까….

크리스마스 _ 백열다섯 번째 날

신이 나와 같은 모습으로 온 날
당신 앞에 십자가가 있다는 것을 알았을까
생은 짧고
배신과 억지는 높게 더 높게

다시 돌릴 수 없을까
알면서도 기다려야 했던 시간
행복했을까
잠시 잊을 때도 있었을까

노동과 생계를 위해
그리고 깨달음을 위해
광야 같은 곳을 종일 걸으며
당신도 이방인이었나

처음부터 지는 싸움이었지
뜻은 멀고
듣는 이 적고 말할 사람만 많은 세상에서
어느 길이 좋았을까

뜻은 몰라도 흔적은 남아

오늘도 레닌 광장 트리는 높고
전등은 무수히 밝다
어두울수록

무슬림 사회라지만 시대가 시대니만큼 또 러시아 정교 문화
의 영향도 함께 있어서, 크리스마스트리가 거리를 빛낸다.
하지만 실상 이것은 새해 트리이다. 키르기스스탄은 12월
25일은 보통 날이고 1월 1일이 특별한 날이다.

악부라 _ 백스무 번째 날

매일 지나다니던 시내 같던 하천이
하얗게 돈다는 뜻의 악부라 강이란다
오뉴월에는 물의 양이 많아
거세게 일어나 몰아쳐 내려가기에 그리 이름 붙었나 보다

한국에서의 악은 나쁜 뜻이거나
험한 산에 붙는 이름인데
일 년 내내 하얀 눈을 볼 수 있는 여기는
눈부신 모습을 거기에 담았나 보다

이름을 알고 보면
눈앞의 것이 다르게 보인다
그동안 보아 왔던 것이 전부가 아니라
아주 작은 잠깐 일부분이라는 것

하나의 이름을 짓기 위해
기나긴 인연과 사연으로 점철된
보잘것없어 보이지만
자기도 모르는 생 속의 생

한생으로도 너무 짧은데

물살처럼 만나고 헤어지는 시간 속에서
때론 앞서고 때론 뒤서며
한강도 되고 악부라도 되고

그렇게 스쳐 간 수많은 이름처럼
오늘은 눈 내려 흙탕물 가득한
악부라 물줄기 하나 흐르니
잠시 발길이 떠나지 않는다

변두리로 이사를 와서 제일 좋은 점은 매일같이 오가는 학교 길을 강이 따라 걷는다는 것이다. 갈 때 한 시간 반, 올 때 한 시간 반, 적어도 세 시간 정도 혼자 물소리와 물가의 풍경을 온전히 내 것으로 누릴 수 있다.

새벽 공항 _ 백스물두 번째 날

여행의 절반은 기다림이다
오시 정류장에서 버스 운전사를 기다리고
비슈케크 마나스 공항에서 푸른 하늘이 피어나기를 기다리고
커피를 시켜 놓고 향이 잔에 가라앉기를 기다리고

그렇게 기다리는 동안
아이는 할머니에게 배고픔을 속삭이고
할머니는 아이에게 기다려 왔던 자신의 역사를
손바닥에 담아 어깨를 토닥이고

기다림의 계단을 밟고 비행기에 오른다
내 좌석은 꺾어져 세 걸음 아니 서른두 걸음
어디선가 따뜻한 아침 국밥이 토렴 되어
나를 기다려 줄까

여행 안의 여행, 휴가를 내고 떠나기로 결정한 곳이 튀르키
예다. 새벽 공항에서 비행기를 기다린다. 잠시 떠남도 이리
쓸쓸한데 남겨짐은 또 어떨까. 기다림의 끝에 시간이 다가
오고, 그렇게 또 당신을 생각하고….

아야 소피아 _ 튀르키예에서의 두 번째 날

아침 비행기 안에서 발견한
나를 따라오는 줄 알았던 해가
벌써 이 해협에 와서
따뜻하게 자리를 데워 놓고 있는 줄 몰랐다

아야 소피아에서
무릎을 꿇고 눈을 감았다
생각하는 모양은 달라도
마음은 다 하나이기를

한 시대가 소환되고 봉인된다
궁을 둘러보다가
보스포루스 해협을 끼고 있는
천 년 전 기억을 더듬는다

종일 보고도 아쉬운 마음에 되돌아보는 하늘
블루 모스크 위로 노을이 다가와
소피아 입장객들의 뺨마다
하루 인사를 남기고 있다

오가는 노면전차를 따라서

숙소로 오는 길
골목마다 맥주 한잔으로 밤을 이어 가려는 연인들
검푸른 하늘엔 이른 달이 뜨고

처음으로 아무도 아는 사람도 없는 곳에 왔는데, 마침 석양
아래 모스크가 웅장하다. 아야 소피아에서 하던 기도가
블루 모스크 위 하늘을 붉힌다.
옆에서 하늘을 우러르던 사람들이 다 일어나 집으로 혹은
다른 숙소로 떠날 때까지 노숙자처럼 앉아 있다.
매일은 아니어도 언제든 걸어서 올 수 있는 이런 노을 터가
있다면 얼마나 좋을까.
숙소로 돌아오는 길은 유난히 검붉었다. 하늘과 거리와 그
리고 당신.

갈라타의 꿈 _ 튀르키예에서의 세 번째 날

몇 가지 꿈에 대해서
아이들에게 말하곤 했었다
하나 더 보태고 싶다
가능하다면

갈라타 다리 아래
시미트 빵에 누텔라 크림을 발라
히잡 같은 머플러를 쓴 여인이 타 주는
돌 사탕 홍차와 같이 팔다가

오후가 되면
술탄 아흐메드 광장에 가서
블루 모스크 첨탑 위로 피는 노을을
보다가 울며 돌아오는 꿈

머리가 하얗게 세도
염색 없이 질끈 동여매고
보스포루스 해협에서 낚시꾼들이 건져 올리는
은빛 바다만큼 시를 그리워하리

저녁을 먹고

유럽 지구 카라쾨이 선착장에 나아가
한 발만 더 디디면 아시아 대륙이라는 말을
백 번도 더 하고

가끔은 배를 타고
아시아 지구 카디쿄이 선착장에 내려
우체국 앞길을 오르내리며
고향을 향한 편지를 쓰리

집에는
갈라타 아트 화실에서 산 50호 인물화 그림을
신문지에 싼 채로
문 옆에 세워 두고

오르한 파묵이 쓴
『순수 박물관』을 읽어
그가 피우다 버린
4,213개의 담배꽁초가 뭘 의미하는지 찾다가

하루의 마지막 아잔 기도 소리를 들으며
아야 소피아 성당이 바라다보이는 언덕에서
별을 기다리는
그런 꿈

있으면 먹고, 없으면 굶고 그렇게 걸어 다니던 중에 갈라타
다리 아래서 시미트와 홍차를 파는 것을 봤다. 혹시나 하
는 마음에, 한번 다가가 주문했다.

그리 춥지 않은 겨울 햇볕 아래 누텔라 크림을 바른 시미
트를 씹으며 선착장에 앉아 있으니, 졸음이 밀려온다. 당
신도 있었으면….

피에르 로티 _ 튀르키예에서의 여섯 번째 날

작가 피에르 로티가 글을 썼다는
발라트 거리 옆의 공동묘지
강과 도시가 한눈에 내려다보이는
산 중턱에 있다

삶과 죽음이
여행자의 길 바로 옆에 흐르고
낮은 탁자에 마주하고 앉아
서로의 나이를 묻는데

사람들은 언덕을 올라
그가 내려다보던 강물을 보며
짐짓 바다를 향한 강물에
나이를 흘려보내듯 차를 마시고

모인 적도 없는 듯
오후 속으로 흩어진다
언덕을 오르기 전 보았던
성 슈테판 불가리아 정교회 앞 바다

신념은 종교를 낳고

삶은 멀리서 종소리를 듣고 다가오나
Today is that day
해는 벌써 바다를 건너간다

매일 SNS에 써 올리는 글을 보고 마침 이스탄불에 사는 페
이스북 친구 소냐가 페북 메시지로 교통 안내를 해 주다가
나중에는 집에 초대를 해 준다.
묵던 숙소를 팽개치고 따라간다. 남편 뮤자힛이 마중을 나
와 초면에 거나한 저녁을 사 준다. 차를 마시며 튀르키예
의 속사정과 여러 이야기도 실컷 듣는데 소냐의 즉석 통역
이 따라와서 편하고 즐거웠다.
둘이 사는 아파트에 가서 사진도 구경하고 차도 마시고,
거실에 누웠다. 이상하고 아름다운 밤이다.

새벽 공항 _ 키르기스스탄에서의 백서른 번째 날

탑승 문 바로 앞에서 잠이 들었지요
바다처럼 푸른 하늘이
열여덟 유리문을 가득 채우고
유리창에 걸린 수족관 물처럼 넘실거렸지요

눈을 감으면
푸른 하늘이 창을 건너와
내 가슴에도 비행기를 새처럼 쏟아 내고
너도 하늘이야라고 불러 줄 것 같았지요

눈 감은 사이
손가락 마디부터 물들어
배낭을 베고 누운 뺨만 빼놓고
심장까지 푸르게 하였지요

엄마를 확인하려는 아이의 칭얼거림이 없었다면
머리카락까지 바다가 되어
세상에 없는 요정으로
그렇게 물이 되어 버렸을지도

눈을 뜰 때마다

나는 또 어딘가서 탑승을 기다리는데
비행기는 자꾸만 연착되고
구름은 하늘 위로

튀르키예를 갔다 오는 동안 비행기를 여섯 번 탔다. 대부
분 새벽하늘로 떠나는 푸른 시간이다. 바닷속으로 들어가
기 전의 조용한 일렁임. 한동안 그 시간에 머물 듯하다.

눈 녹으면 _ 백서른일곱 번째 날

날이 어두워져 기말시험은 내일 보기로 하고
아이들과 눈길을 걷기로 한다
걷는다는 것을 걸기도 하고 거르기도 하는 것
끼니를 거르고 하얀 길 위에 달빛을 만난다

녹지 않는 것은 녹지 못하는 이유가 있고
눈 녹는 것을 다 보지도 못하고
선 채로 잠드는
무수한 나무 그림자들

다 녹으면
눈길을 걷던 바람은
또 어디로 떠나갈까
가면 답을 구할 수 있을까

추위보다 더 추워 보이는 가지들
앉아 있던 흰 눈이
포식 포식 소리를 내며 날아간다
어디로 가는 걸까

김수영 시인은 그의 시 「눈」에서 눈은 살아 있다고, 새벽이
지날 때까지는 그래도 살아 있으니, 너도 살아 있으면 기
침이라도 하라고 했는데, 나는 아직 눈의 말을 모른다. 눈
을 바라보며 눈을 쥐고 귀에다 가져다 대고 말을 들으려
하나 잘 들리지 않는다.

제4부

슬픈 외국어 _ 백마흔두 번째 날

기껏해야 숫자 정도만 듣고 대답하는데
고맙다는 말 라흐맛도 그렇게 발음하면 안 된다고
외로운 것은
내 말이 당신에게 들리지 않아서다

말이 통하지 않으면 언어의 갓난아기다
단지 엄마만 그 마음을 듣고 챙겨 준다
기저귀와 우유 그리고 토닥토닥
나는 생후 142일 아기다

아버지는 농인이었다
친구들은 이상한 소리를 내며 손짓을 이어 가고
동네 아이들은 아버지를 흉내 내며 따라다녔다
식구들은 아버지와 같은 민족이었을까

키르기스어를 배울지 러시아어를 배울지 고민하다가
계약 기간의 절반이 다 되어 간다
악부라 강의 물소리도
파미르고원을 향해 부는 바람 소리도 적지 못하고

돌아가신 아버지가 수시로 나타나 구두를 닦는다

치매 걸린 엄마는 옷을 기우고 사라진다
내일이 설날인데 떡국은 해 먹을 수 있나
죽은 형이 제일 좋아하던 건데

월요일부터 토픽 강의를 해야 하는데
준비는 못 하고 오다가 들은 러시아어 생각뿐이다
만나서 반갑습니다
근데 나는 아직 당신의 말을 모릅니다

외국 사람에게 한국어를 가르치지만, 그 사람들의 모국어
를 나는 모른다. 그래서 감정을 제대로 온전히 다 전달하
지 못하고, 그래서 손을 잡거나 아니면 눈을 오래 들여다
보거나 한다.
생각해 보면 나와 당신도 외국인이었다.

할머니의 말 _ 백마흔네 번째 날

눈 녹은 골목길
옆에서 걷던 할머니가 뭐라 하신다
돈을 달라는 것도 아닌 것 같고
가방 속을 보여 주시는데 도대체 무슨 말씀인지

미안하다고 영어랑 키르기스어로 말하고
조금 걷다가 돌아보니
어떤 처자가 할머니 가방을 들고 옆에서 걷는다
아 짐을 들어 달라는 말이었구나

뒤늦게 달려가
처자가 든 가방을 대신 들을까 고민하는 사이
미안함에 자꾸 발걸음이 미끄러진다
석양이 한 뼘 가라앉았다

학교 아이들도 내 말을 못 알아들었을까
한국말이 너무 어렵다고 말한다
나는 너희들 말이 어려운데
말만 어려운 걸까

집으로 돌아오는데 어떤 할머니가 자꾸 말을 걸어온다. 아무리 생각해도 무슨 말인지 알아들을 수 없어서, 그저 미안하다고 말하고 돌아서 걸어오다 문득 돌아보니, 어떤 아가씨가 할머니 짐을 대신 들고 따라오고 있다. 아 그런 뜻이었구나.

낮달 _ 백쉰네 번째 날

한국에 가면 어디로 가요? 다니던 학교로
뭘 가르쳐요? 한국어
외국 사람한테 한국어를 가르쳐요?
아니 한국 사람한테

말을 안다고 해도
잘 통하는 것은 다른 차원이라는 것을
어떻게 설명할까
설명하면 이해할 수 있을까

숫눈으로 내려
달포쯤 얼어붙었던 눈들이
눈물 되어 흐르다가
밤사이에 실종되었다

미끄럽게 걷던 위태함은
신발 밑에 달라붙고
간신히 떼어 놓으면
또 다른 것들이 좀비처럼

떠들었던 내 모든 말이

빈 하늘에 떠올라
다시는 안 볼 것처럼 인사를 한다
석양과 마주 서서

낮달에 자꾸만 눈이 가서, 집에 가다가 길에 우두커니 서
있던 적이 한두 번이 아니었다. 왜 그랬을까. 눈에도 잘 띄
지도 않는 저 달이, 나 같아서일까, 잘못 태어나 실수 아닌
실수 같은 인생이 우리 같아서일까.

이별의 약속 _ 백쉰일곱 번째 날

갑자기 날이 추워졌다는
길이 미끄러워 다쳤다는
기름값이 자꾸만 오른다는 소식 사이
설마 하는 부고가 끼어 왔다

결코 일어나서는 안 될
보이지 않는 힘에 밀려서 떨어진
한세상이 지워지는
아니 남은 생을 홀로 기억해야 하는

하늘의 별도 따 준다는 약속
손에 물 안 묻히게 하겠다는 약속
평생 행복하게 해 주겠다는 약속
그중에 어떤 것이 남아 있을까

서약의 무게가 무거워
도망치듯 떠나온 계절 앞에
눈은 조금씩 녹고
바람은 저만치 날아간다

저녁을 먹고

안 가 본 길로 걸어 본다
걸음보다 먼저 어둠이
늑대처럼 나무 뒤로 숨는다

요즘은 부고나 청첩장이 우표 없이도 당일 배송이다. 그러
다 보니 아침에는 슬퍼하고 저녁에는 축하해 주어야 하는
죽음과 짝짓기의 동행이 하루에도 몇 번씩 보인다. 일테면
노을 속에 꽃이 피듯….

신발 _ 백예순 번째 날

다시 추위가 온다고도 하지만
불어온 바람은 신발을 가볍게 한다
책상 아래 작고 하얀 운동화
아침을 걸어서 교실에서 만났다

봄 먼지 뽀얀 길을
마스크도 잊고 걸으면서
구두 말고 비싼 스니커즈도 말고
시장표 운동화 하나로 행복했으면

저 신발 하나로 가을까지 가겠지
그 사이에 봄도 가고
여름도 가고
나도 가려나

미우면 발뒤꿈치도 밉다는 말이 있다. 반대로 사랑스러우
면 그의 신발에도 눈이 간다. 기억은 안 나지만 누군가의
신발을 한참 쳐다본 기억이 있다.
봄이 되니 사람들 신발이 환해진다.

봄눈 _ 백예순두 번째 날

우리가 언제 따뜻했었나
다시 눈이 내리고
서둘러 벗은 마음이 언다
차는 언덕 밑에서 왱왱거리고

좀 더 기다리라는 말
알 수 없는 미래를 위한 지혜인가
늦어도 살 수 있으니까
오늘은 여기까지

양파가 얼어서 절반은 벗겨 내야 했다
사과도 푸석하고
목동들은 봄에 무엇을 먹을까
썩지 않은 것을 골라내며

내일은 시장에 가 봐야겠다
무와 당근이라도 사서
양배추김치라도 담가 볼까
봄눈이 사라지기 전에

봄비 다음 날 눈이 내린다. 농사를 짓는다면 더욱 반가울
수도 있는 하얀 손님이다. 풀어 놓은 단추를 다시 잠그게
하고 겨울 점퍼를 다시 입게 한다. 전국적으로 난방을 끈
다고 해서 날씨가 그래도 되겠거니 했는데.

입덧 _ 백예순아홉 번째 날

순댓국 홍천 군부대
물회 고성 바닷가
냉면 종로
옹심이 원주 토지문학관

대구탕 인천 동구 송림동 골목
닭강정 봉평시장
장칼국수 속초 버스 정류장 앞
초밥 이촌동 철길

애를 가지면
냄새가 민감해지고
어릴 적 맛있게 먹었던 것들이
곳들이 생각난다던데

글을 쓸 때마다
잔치국수 삼겹살 회덮밥 제육볶음
강릉 골목길의
카레 튀김 떡볶이

애는 안 나오고 입덧만

SNS를 봐도 다들 입덧이 심하신지
저녁을 먹긴 먹은 건가
미역국에 라면은 어떨까

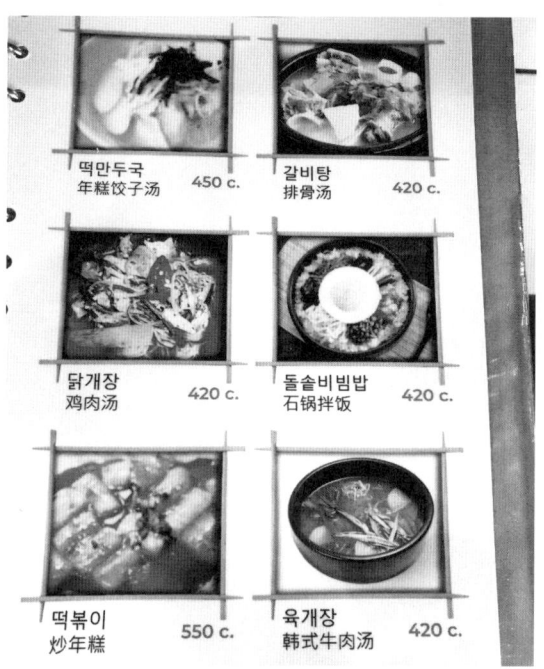

떡만두국
年糕饺子汤   450 c.

갈비탕
排骨汤   420 c.

닭개장
鸡肉汤   420 c.

돌솥비빔밥
石锅拌饭   420 c.

떡볶이
炒年糕   550 c.

육개장
韩式牛肉汤   420 c.

한국을 떠난 지 육 개월이 다 되어 간다. 가끔 한국 식당에
가지만, 한국의 맛을 제대로 느끼지 못하고 늘 속이 허전
하다.
백석의 시 「국수」를 읽는다. 음식을 통해 그리움을 기억하
고, 같이 먹었던 사람을 떠올리고, 그 음식을 먹었던 지역
도 따라 생각한다.

151

햇살 오후 _ 백일흔다섯 번째 날

종일 하품만 하다가
햇살을 따라 시장에 간다
눈 녹은 길옆으로
강물도 따라간다

빨갛고 파랗고 노란 사과들이
경쟁하듯 볕 아래 앉아 있다
호두와 석류 감자와 양파는
벌써 졸고 있다

돌아가신 엄마가 수시로 나타나
푸짐한 감탄사를 보탠다
감자가 포실하기도 해라
저 시금치를 먹으면 젖이 콸콸 쏟아질 텐데

사과 위에서 놀던 햇살이
호두와 석류 사이에 맴돈다
함지박 속의 작은 만두는 훈김에 싸여서
늘씬한 소고기가 부럽지 않은 듯

돌아와 흰떡을 씻어

쪽파도 조금 넣고
한국에서 가져온 떡볶이 국물을 부어 끓였다
긴 겨울이 지나고 있다

지구 한편은 지진으로 아비규환이지만, 여긴 소식도 멀고
햇살만이 가득하다. 그만큼 자기의 삶이 중요하기도 하지
만, 그만큼 무심한 것은 왜일까.
인간보다 더 무심한 것은 혹 자연이 아닐지 하는 생각도
드는 오후다. 엄마 생각도 하고, 감자를 쪄 먹으면 얼마나
좋을까 생각도 하고, 그래도 한 끼는 먹어야지 하는 생각
도 하면서.

저물녘에 고려인 _ 백여든 번째 날

노을과 함께 걷다가
삼각 수레에 흙을 담고 있던 할머니를 지나쳤는데
다시 돌아가
도와 드릴까요

키르기스어나 러시아말은 모르고
생각도 나지 않아서
그냥 한국말과 손짓으로
그다음은 영어로

한참 쳐다보시던 할머니가
고려인이시라고
이유 없이 눈이 젖고
함경도 방언이 귀를 때린다

캄차카 블라디보스토크에서 와서 정착한 지
사십오 년
아들은 한국 천안 근처에 들어가 일을 하고
딸은 카자흐스탄 알마티에서 산다고

딸의 딸이 무심둥

수박 숨고 파도 숨고
달구가 무슴 마리
파는 칩서

일제 강점기 함경도 사투리
간간이 알아듣고 나머지는 무슨 말인지
한국말이 그리웠다고
시간 나면 와서 달구막 칠 때 도와 달라고

개고기 만들어 먹던 시절
달걀 하나 값은 15솜
그랬숨둥 울리던 말이
어두운 밤 악부라 강 위를 흐른다

수업을 마치고 집에 돌아가는 길에 웬 할머니 한 분이 힘
겹게 작은 외발 수레에 흙을 담는 것을 보다가, 한국어로
그다음엔 영어로 '도와 드릴까요' 했더니, 잠시 머뭇거리
다 희미한 한국어로 떠듬떠듬한 말을 던진다. 자신은 고려
인이라고.
아주 억센 함경도 사투리가, 국어 선생인 나도 제대로 알아
듣기 어려운 함경도 방언이 시간을 거슬러 노을에 젖는다.
할머니 이름은 알리나, 월로제라는 할아버지와 함께 사할
린에서 강제 추방에 밀려 여기로 왔다고.

실낙원 _ 백여든두 번째 날

지옥을 보고 싶으면 뉴스를 본다
더 자세히 알고 싶으면 드라마를 본다
묻지 마 폭행에서부터
구차한 정치 이야기까지

전쟁을 떠나지 못하는 사람들과
삶의 무게에 도망가는 사람들
휴대전화에 머리를 처박은 사람들은
경제 동향에 눈이 벌겋다

조교가 쓰러졌다고 해서 수업 중 달려가 보니
입술에 핏기가 하나도 없고
손이 차다
잘 먹지 못해서 그런가

의자를 잇대어 뉘고
물과 진정제를 먹이고
점심을 사 와서 먹이는 아이들
괜찮아지기를 기다린다

매일 선물처럼 시작되는 하루가

자세히 보면 더 비극이고
살아남은 자들은 저녁을 맞고
몇몇은 잠을 이루지 못한다

공터 마당에서 놀던 아이들이 점차 사라지고, 휴대전화와
컴퓨터 앞에서 떠나지 못하는 시대. 그런데 여기는 아직 덜
그렇지만, 여기도 갈수록 점차 그렇게 되어 간다.
가까이 다가갈수록 비극이 보이는 세상. 뭘 어떻게 봐야
당신이 잘 보이려나….

똥간 _ 백여든세 번째 날

와서 두 달 동안 밥해 주겠다는
예쁜 여자를 거절했다
이유는 매일 볼일 후
닦아야 하는 변기 때문이다

뒤로 갈수록 깊어지는 한국의 변기와 달리
앞쪽에 물이 고여 있어
거꾸로 앉지 않는 한
어느새 흔적이 잔뜩 남는다

옷도 채 올리지 못하고
물을 연거푸 내리며 솔을 문지르나
이미 묻어 버린 자국은
한참을 지워지지 않는다

이런 것 하나 바꾸려면 몇 년이 걸릴까
나를 바꾸고 세상을 바꾸려면
언젠가 누군가 말하겠지
왜 그렇게 살았냐고

엉거주춤 욕실을 기어 나가

한참 동안 고민을 해 보지만
시간이 지나면 오늘이 가고
잘도 잊는다

처음 이 집에 이사 들어왔을 때 콘센트가 바닥에 가깝게
붙어 있는 것이 특이했다. 화장실 변기의 모양도 특이했다.
뒤쪽이 아니라 발 놓는 앞쪽이 깊게 물이 내려가게 되어
있어, 볼일을 보고 물을 연거푸 내려도 뒤쪽의 흔적이 매우
심하게 남는다. 거꾸로 앉아서 볼일을 봐야 하나….

발끈해서 _ 백여든다섯 번째 날

같은 아파트에 학당장님 부부가 산다
정년퇴직하고 와서 여러 해
늘 베풀고 먼저 대접하고
사리 분별도 밝으신

유독 부인의 지적에 발끈하신다
다른 사람의 충고는 잘 들으시면서도
당신이 어찌 내게 그럴 수 있냐는 눈빛
나도 그랬나

세상 모든 사람이 다 뭐라 해도
당신만은 무조건 내 편이어야 한다는
물러설 수 없는 역설 같은
건들면 안 되는 역린 같은

가장 많이 보고
그래서 가장 잘 알고
그래서 할 말도 많으나
한마디도 하기 어려운

한 걸음 가까워지면

천 개의 걱정이 따라온다는 말이
봄 먼지 풀풀 나는 길을
한없이 걷게 한다

다른 이에게는 화도 잘 안 내시는 학당장님이 유독 사모
님께는 발끈하시는 것을 보면, 그것도 지독한 사랑인 것 같
아서 혼자 웃게 된다.

다른 사람의 말은 잘 걸러 들어도, 영원히 내 편일 것 같은
사람의 말은 잘 걸러지지 않고 오롯이 감정 그 자체로 들
리기에 더 화가 날 것 같다. 그런 모습을 보면서 봄이 오는
길을 걷는다. 너도 오는가, 이 길로.

수말렉 _ 백아흔일곱 번째 날

페르시아권은 봄이 새해의 시작이다
한국의 춘분이 여기서는 노루즈다
나흘 전인 오늘은
학교 뒷마당에서 수말렉을 끓인다

커다란 솥에
돌과 갈색 물을 넣고
열여섯 시간을 타지 않게 젓는다
내일 아침 일곱 시면 먹을 수 있다고

저어 보니 바닥에 자갈 같은 것이 굴러다닌다
눌어붙지 말라는 뜻도 있고
먹을 것이 없어 기다리는 아이들을 위해
음식 만드는 소리를 나게 하는 장치라고도 한다

소리를 들으며 참고 기다리는 아이와
속이는 엄마의 눈물이
불타는 연기에
핑계처럼 솥을 채운다

나라마다 명절이 다른데, 여기서는 '노루즈(새로운 날)'가
큰 행사다. 한국으로 치면 입춘이고, 한 해의 새로운 시작
으로 동네마다 수말렉을 끓인다.

수말렉의 유래 중의 하나는, 아주 먼 옛날 먹을 것이 귀해
서 아이가 배고파 울면, 어머니는 솥에 돌멩이를 넣고 물
을 끓이며 요리하는 모습을 보여 주다가 아이가 지쳐 잠들
게 만들었다는 설이 있다.

이제는 실제로 만들어 두고 빵에 발라 먹기도 하는데, 색
은 갈색이고 맛은 미숫가루와 물엿 중간쯤이다.

저으면서 소원을 빌라고 해서 불타는 나무 연기를 참으며
눈을 감는다. 무엇을 빌어야 하나. 저 사람들은 무엇을 빌까.

살구꽃 핀 _ 백아흔아홉 번째 날

살구꽃 핀 마을은 어디서나 고향 같다던
이호우의 시를 외우고 다녔지만
실상 그런 마을을 한국에서는 많이 보지 못했다
인천 작은 섬 덕적도 외에는

살구꽃과 매화 벚꽃도 구분 못 하는 눈으로
그저 상춘객이 되어
고향 잃은 하늘을
봄처럼 올려다본다

골목마다 길마다 살구나무가
희고 붉은 히잡을 뒤집어쓰고
오늘은 외면하지 않고
빤히 나를 쳐다본다

오늘 하루만큼은 전쟁 중인 사람도
친구와 이별한 사람도
병원에 누워 있는 사람도
거친 숨을 멈추고 꽃향에 취했으면

살구꽃 그늘에서

못다 쓴 편지도 마저 쓰고
미안한 마음도 담아
꽃잎으로 봉했으면

한국에서는 개나리와 벚꽃이 피어 만발할 철인데, 여기는
도시 전체가 살구꽃 천지다. 덕분에 살구도 실컷 먹는다.
주말이라 집 뒤 언덕에 오르니, 언덕 위 마을도 살구꽃 속
에서 우죽우죽하다.
걸어 다니며 나도 모르게 「고향의 봄」을 흥얼거린다.

오빠 생각 _ 이백두 번째 날

오빠 생각을 배운다
뜸북새는 뜸북뜸북 하고 울고
뻐꾹새는 뻐꾹뻐꾹 하고 우는데
당신은 어떻게 우나

기러기는 기럭기럭 하고 울고
귀뚜라미는 귀뚤귀뚤 하고 우는데
나는 어떻게 우나요
꽉 다문 이로 새는 바람

어린이는 무릎으로 울고
청년은 주먹으로 울고
하늘은 비로 울고
여인은 손수건으로 우나

의성어 하나 공부하다가
한 시간이 다 갔다
울지 않기를
나만 울기를

한국어 수업 시간에 「오빠 생각」을 같이 불렀다. 따라 부르기 쉬워서인지 제법 잘한다. 이렇게 노래를 외우게 하는 것도 수업 효과가 크다. 그런데 '운다'가 갖는 한국적 의미를 저들이 잘 알까.

라마단 _ 이백세 번째 날

오늘부터 라마단 기간이다
해 뜨기 전에 먹고
해 진 뒤에 먹는다
물도 안 된다

입안에 고인 침도
삼키지 않는다는 아이도 있고
몇몇은 몸이 안 좋아
금식하지 않는다고도 한다

거리의 가게와 음식점은
낮 동안엔 한가하다
저녁에 먹을 음식만 팔고
공기도 의연하다

배고프지 않니
괜찮아요 전혀요
더 힘이 나요
언행도 조심해요

엊저녁 꾸란의 한 구절을

번역해 보내 준 아이는
나도 해 보란다
그럴까

라마단 기간에는 너도나도 금식이다. 해가 뜨기 전에 먹고,
해 진 후에야 먹는다. 평소에도 조용하고 좋은 생각만을
하려고 애쓰는 사회가, 더군다나 몸가짐을 더 바르게 하려
는 한 달여의 기간이 도시를 더욱 성스럽게 만든다.
그런데 새벽에 먹고 종일 굶다가 해가 지면 그제야 먹는 것
이 건강상으로 괜찮을까, 나는 그게 걱정이다.

긴 머리 소녀 _ 이백아홉 번째 날

대개 허리까지 온다
어깨를 덮는 것은 기본이다
히잡을 쓴 사람은 안 보이지만
엉덩이까지 오는 사람도 많다

우즈베크 같은 곳은
머리가 짧으면 시집을 안 가겠다는 표현이란다
어른도 노인도
머리를 자르는 것을 극구 반대한다

처음에 긴 머리가 신기해서
자꾸만 카메라를 들이댔다
매일 감는 것은 아니지만
날씨가 건조해서 괜찮다고 한다

꾸미고 싶은 마음과
그럴 수 있는 여유가 어우러져
길게 혹은 짧게 흔들린다
애써 다급하지 않게

여자에 대한 로망이 있었다. 흰 블라우스에 긴 머리, 눈빛
이 맑고 미소가 어울리는 여자. 게다가 속눈썹이 길면 금
상첨화, 그리고 신발은 구두가. 여기 와서 그런 사람을 많
이 본다.
가끔 긴 머리를 쳐다보다가 길을 잃고 따라가는 경우도 있다.

일 안 하는 _ 이백열세 번째 날

한국에서의 엘리베이터를
여기서는 리프트라고 한다
며칠 전부터 작동을 멈추었다
나는 4층이지만 9층은 어떡하나

7층에 간다는 두 분이 한숨을 쉰다
리프트가 일을 안 해
일을 안 해요?
또 등산해야겠네

그냥 물건이라고 생각한 것이
이제 일을 안 하고 쉬는 건가
아니면 파업이라도 하는 건가
언제 다시 일을 할 건데

저 엘리베이터 아니 리프트는 누구일까
쉬고 싶은 고3일까
갱년기 아주머니일까
아니면 실연당한 연인일까

휴식인지 파업인지

아니면 춘곤증으로 잠이 들었는지
아이들은 계단을 두 칸씩 쿵쾅거리고
달은 보름을 향해 배가 불러 간다

처음 이런 말 표현을 들었을 때는 참 이상했다. 움직이지
않는 리프트가 일을 안 하다니. 보통 한국에서는 '멈췄다'
혹은 '작동을 안 한다'고 하는데, 번역의 문제인가 싶으면
서도 그 표현이 너무 좋다.
그저 시키는 대로 하는 것들에게 스스로 살아 움직이는 주
체성을 발견하고 이름을 부여하는 것, 심지어는 바람과 햇
볕까지도.
세상 모든 것이 살아 움직인다. 너만이 아니고 나도.

수인을 위하여 _ 이백열네 번째 날

묵을 먹다가
임플란트 씌운 이가 빠졌다
치과를 알아보고
같이 가 줄 통역자를 알아보다가

거울을 들여다보니
몸의 일부가 되어 버린 금속과
도망친 그늘이
구석에 웅크리고 있다

손으로 밀어 넣으려니
발버둥을 친다
저에게도 휴식이나 파업
혹은 해방이 필요했나

밤을 설치고 치과에 갔다
혹시나 해서 금식을 하고
물 양치만 하고
치과 앞에서 통역자를 기다린다

초등학교 때 가출은

일주일 만이었는데
저는 하루 만에 재수감된다
쓸쓸한 이의 봄날

얼어 온 묵을 먹다가 갑자기 입안에서 건드려지는 것이 있
어서 살펴보니, 씌운 임플란트가 떨어졌다. 아니 답답해
탈출했다.
혹시나 해서 손으로 밀어 넣어 보려 했으나 안 들어가려고
버티는 모습이 완강하다. 한동안 깊고 어두운 입속에서 얼
마나 답답했을까.

잠자는 숲속의 공주 _ 이백스물한 번째 날

2학년과 동화를 읽었다
열셋 중 초대하지 않은 한 명으로
딸에 대한 저주가 시작된 이야기
환대받지 못한 자의 마음을

며칠째 비가 추적추적 내리는데
파리한 소년을 무릎에 뉘고
길에 앉아 있는 아주머니는
누구의 손길을 기다리나

누구든 이렇게 태어나고 싶지 않아
어릴 때는 공주로 그리고 왕자로
짧은 부모의 환대를 누리다
곧 가시밭을 넘지

저녁밥을 차리다 걸리는 것이 있어
택시를 타고 가 보니
없다
무엇이

학생들과 함께 「잠자는 숲속의 공주」를 읽는다. 그리고 물었다. 왜 갇혔을까? 그 긴 시간의 의미는 뭘까?
집에 오면서 보았다. 비가 부슬부슬 내리는 길가에, 파리한 아이를 무릎에 뉘고 적선을 구하는 헐벗은 아주머니를.

헨젤과 그레텔 _ 이백스물세 번째 날

헨젤을 자꾸 헌젤이라고 읽는 바람에
조약돌과 남매가 뭐냐고 묻는 바람에
숲을 그려서 보여 주다가
수업 시간을 다 보냈다

돈을 찾으러 은행에 가는 길
비가 며칠째 내리더니
살구꽃들이 따라 내려와
발밑에 그득하다

저 꽃잎을 가져가
물도 사 먹고
삼사와 파흘라바도 사 먹고
방세와 버스비도 낼 수 있었으면

부모가 아이를 버리지 않고
행인에게 구걸하지도 않고
나무 그늘에 모여서
서로의 손바닥을 들여다볼 수 있을 텐데

「헨젤과 그레텔」을 가지고 한국어 공부를 한다. 지금도 여전히 가난 때문에 누군가는 아이를 버리고, 또 누군가는 가족을 버린다. 이유도 모르는 채 버려지는 아이들.
비에 젖어 떨어진 살구 꽃잎이 낭자하다. 이리도 이쁜데.

구석에서 _ 이백서른한 번째 날

밖보다 안이 더 추운 이유는
갇혀 있기 때문이다 바람도
걷거나 차를 얻어 타고 시장에 가지 못하고
흐르지 못하기 때문이다 강물 따라

한동안 열어 보지 않은 옷장과 서랍에
철 지난 모자처럼
손길도 눈길도 받지 못하고
구석이 되기 때문이다 차갑게

저무는 해를 좇아
고려인 할머니 알리나 집에 달걀을 사러 간다
톈산에 가로막혀 늦게 찾아온 햇빛이
계단 구석의 먼지를 한 움큼 쓰다듬고 있다

골목길 아이들은 강아지 같다
꽃처럼 웃고 망아지처럼 도망간다
살라말리쿰 수줍은 인사에
카레이 스파씨바를 경쟁적으로 외친다

달걀 서른 개는 봉지 안에서 덜렁거리는데

노을이 넘어간 하늘이 곱다
파이프 다리를 건너 집에 가는 길
새 소리는 덤이다

종일 방 안에 갇혀 있는 공기는 써늘하다. 골목길 아이들처럼 나가 놀지 못하기 때문이다. 가슴속 온도도 그렇다. 수시로, 열어 볼 일이다.

아무도 미워하지 않는 자의 죽음* _ 이백마흔일곱 번째 날

이제는 익숙함이 굳어
엄지발톱처럼 단단해지나 보다
물에 몇 년 푹 담가도
쉽게 말랑해질 것 같지 않다

기타를 가르치고 돌아오는 길
아파트 6층 사는 인도 학생 한 명이
투신했다는 소식을
전해 들었다

맑았던 하늘에
먹구름이 밀려오고
모르는 아이들은
마당에 나와 놀기에 바쁘다

저녁을 준비하며
참새와 허수아비를 흥얼거린다
그 친구는 자신이 허수아비 같았을까
새 소리는 들었을까

아무도 미워하지 않는 자의 죽음이란

책을 기억한다
누구도 미워하지 않으니
오늘 밤은 어떤 모습으로도 평화이길

*잉게 숄의 실화 소설 제목.

학당장님 사모님을 통해, 우리 아파트에서 한 인도 학생이
투신했다는 소식을 들었다. 이 멀리 키르기스스탄까지 의
대생으로 유학을 와서 왜 목숨을 끊었을까.
돈 문제일까, 여자 문제일까, 아니면 억울한 상황이 그를
창밖으로 밀었을까. 수많은 한국 학생의 자살 소식을 떠
올린다.

제5부

콜라 한 잔 _ 이백여든여덟 번째 날

보았다 나는
수염을 기른 두 청년이
햄버거 가게에서
콜라를 잔에 따라 떨며 마시는 것을

햄버거도 감자튀김도 하나 없이
잔을 한참이나 소중히 들여다보다가
눈과의 거리를 천천히 좁혀
아껴 입에 가져다 대는 것을

석유같이 검고
첫사랑처럼 달콤하고
이별처럼 쌉싸름하고
몽글몽글 거품이 살아 있는 것을

저 잔을 다 비우면
저들은 어디로 돌아갈까
취하지도 않는 콜라 한 잔에
밤이 먼저 취하고 있다

간식을 사러 나갔다가 문득 보았다. 피자집에서 콜라 잔을
술처럼 두 손으로 정성껏 붙잡고 마주하고 있는 두 청년의
떨리는 손을. 혹 이들의 콜라 한 잔은 누군가의 마지막 술
한 잔처럼 특별한 것이 아닐까 하는 생각이 든다. 너무 기
뻐서일까, 혹은 너무 슬퍼서일까, 혹은 너무 초조해서, 아
니면 너무 힘들어서….

답장 _ 이백아흔 번째 날

지나야 보인다고 했다
낯섦도 그리움도 그리고 아쉬움도
전하지 못한 말을 노을에 부친다
저기 어디쯤 그대가 걷고 있겠지

돌아오는 길은 멀다
떠오르는 이름을 꽃처럼 부르면
발걸음 옆에 바람이 지난다
여기는 어디

짐을 풀고 다시 싸고
손빨래를 개어 넣고
돈은 여러 주머니에 나누어 넣고
이제 다시 떠날 때

오늘을 접어 내일로 보낸다
잘 받아 주길
답장은 언제쯤 올까
밥은 잘 먹고 다니는지

처음에는 도착 일주일부터 바로 한국으로 돌아가고 싶었던 키르기스스탄 오시에서의 삶이 이제 그리움으로 가득하다. 남은 한 달을 오시가 아닌 다른 곳에서 보내려 떠나면서, 내가 거기서 뭘 한 건지, 어떻게 지낸 건지.
걷던 길과, 만났던 사람들, 낯설지만 황홀했던 시간, 감히 행복이라 말할 수 있던 순간들이 자꾸 눈에 밟힌다.

눈부셔 갇힌 _ 이백아흔아홉 번째 날

눈부셔 방에 갇혔다
새도 날지 않고
바람도 나무 그늘에 들어와 숨고
창문만이 어렵사리 햇볕을 한쪽 어깨로 견디고 있다

한 발짝만 다가가도
골수까지 파고들어 올 빛이
사방에서 집을 포위하고
사정없이 착륙한다

아군인 줄 알았으나
때론 적군도 되는
시간과 날씨
인생에서

작아진 눈을 더 조이고
얻어진 주름으로 참호를 만들어
방구석 진지에서
항복할지 환영할지 고민한다

해마다 찾아오는 여름인데

이토록 눈부시게 하는 것은 무엇인가
못 잊을 기억인가
다가올 어느 때를 위함인가

모든 것이 두렵고
모든 것이 사랑스럽고
모든 것이 아직이다
밤이 오기까지

혼자만의 한 달을 보내려 찾아온 카라콜의 한 게스트 하우스. 할 일도 다 끝나고, 빈 시간만 가득한 곳에 햇살은 더욱 세다.

모자를 쓰고, 안경을 써도, 이런 날은 그냥 집에 있어야 한다. 하루쯤은 그래도 괜찮을까. 햇살이 워낙 세니, 방 안에 있어도 눈이 부시다. 가늘게 뜨고 멀리 바라본다. 어딜⋯

빈방 _ 삼백두 번째 날

풍성하던 객실이 텅 비었다
며칠씩 묵으며 출장 일을 하던 사람들이
그리운 가족에게로
살던 집으로 떠났다

사흘 전에는 우바트가 떠나고
오늘은 조 마르트가 떠났다
저녁을 먹으러 식당에 가니
아가씨 한 명이 있을 뿐이다

괜찮냐고 영어로 물어 오면
정말 괜찮은지는 생각도 못 하고
파인 앤드 유
그리고 영어가 딸려서

저녁으로 나온 만두를 먹다가
오늘도 시장에 가서
아실랸푸와 피라쉬키 사 먹은 이야기를 했다
과거에는 20솜이었는데 비싸졌다고

열 개 방에 손님이 둘뿐이다

신의 방엔 머무는 이가 많을까
비가 창문을 두드려
뭐라 말하는 것 같은데

게스트 하우스의 여러 손님을 스치며 혹 이런 삶도 내 삶
에 던지는 신의 표지가 아닌가 하는 생각이 든다.
공연히 이유도 없이 빈방을 열어 본다. 또 누가 올까, 언제
까지 비어 있을까, 지구라는 신의 게스트 하우스에 나는 몇
호실 몇 번째 손님일까. 당신은….

푸시킨 파르크 _ 삼백세 번째 날

아침이면 일어나 푸시킨을 만나러 간다
해 뜨기 전에 일어나 벌써 머리를 감고
가장 좋은 옷에 어깨를 약간 돌린 자세로
안 보는 듯 수줍게 맞이한다

인사를 하면 바로 내려와
그늘과 햇볕을 반반 나누어 가진 벤치에서
이야기를 시작한다
처음은 시 그다음은 소설

대위의 딸 나는 푸가초프 대신 홍경래라고 바꾸어 말한다
이교도라는 말이 낯설지 않다
러시아판 미스터 션샤인인가
다음은 스페이드의 여왕이다

잠시 하품을 하고
지루해하는 것을 눈치챘는지
공원 앞을 오가는 사람들을 보며
그들에게 협곡과 호수가 어떠한지를 말한다

파르크를 걷는 동안에도

너무 덥다는 한국 소식
일자리가 없어 애탄다는 오시 청년의 소식이
한낮을 덥힌다

집착과 결투로 마감한 눈길
일어나면 다시 싸우겠다는 말이
지금도 유효한지
삶이 그대를 속일지라도

카라콜에서의 하루는 푸시킨을 만나는 것에서 시작한다.
그의 동상을 공원에서 처음 보았을 때 작은 미소년의 이미
지였다. 검은색의 위아래 옷에 바라보는 방향은 동쪽, 표
정은 굳어 있었는데 날이 갈수록 표정이 부드러워지더니,
이제 슬슬 먼저 말을 걸어오기도 한다.
아침은 먹었니? 잠자리는 괜찮니? 요즘 쓰는 글은 어때?
여기는 살 만해? 그의 러시아말이 다 한국어로 들린다.

문학의 자리 _ 삼백열네 번째 날

식당에서 저녁을 먹는데
나이 든 아저씨 한 분이 보드카를 권한다
여행 중 사양지심은 손해 막심
한 잔이 두 잔이 되고 속에서 불이 난다

부리나케 동네를 걷다 보니
좁은 공터에 십수 명의 소년이
바람 빠진 공 하나로
먼지를 몰고 다닌다

공 차던 아이들도 외따로 놀던 아이들도
눈 작은 이방인을 어떻게 알아보고
시합을 멈추고 손을 흔들고
달려와 사진을 찍자 한다

이승수가 말하는 문학이 태어나는 자리*에
지금 내가 있는 곳도 포함될까
된다면 어떤 자리일까
여행일까 유폐일까

*절망, 여행, 소멸, 호기, 거울, 폐허, 탄생, 전장, 모순, 풍류, 불안, 광기, 해학, 분노, 풍자, 사랑, 공포, 유폐, 이별, 우정, 동경, 신념, 한적, 비애, 죽음, 고독.

책을 펼치는 순간 이곳이 어디고 지금이 언제인지를 자주 잊는다. 그게 내 문학의 자리이고, 당신을 만나는 자리이고, 기도하는 자리다.

사랑한다는 것은 _ 삼백스물세 번째 날

주어를 바꾸는 일이다
내가 들어갈 자리에 너 혹은 우리를 넣고
함께라는 부사를 위해
시간과 공간을 맞추는 일이다

듣는 귀를 바꾸는 일이다
내가 네가 되어 내 말을 들어 보고
또 바꾸어 보고
또 바꾸어 보고

머뭇거리는 일이다
내가 쓰던 말이 당신에게는 어떤 말과 같은지 고민하다가
표현할 수 없는 막막함 앞에서
그저 말줄임표만 찍고 있을 일이다

죄다 털어놓는 일이다
당신을 위해 썼다고 생각하는 모든 말이
사실은 나를 위해 떠들었다는 것을
남김없이 말하는 일이다

그리하여 지우는 일이다

말로 할 수 없는 것을 말로 한 죄가 커서
침과 눈물로 지우다가 온몸이 얼어도
그 몸으로 한 자라도 더 지울 일이다

키르기스스탄 아이들에게 '어제는 뭐 했어?'라고 물으면
잘 못 알아듣는다. 다시 '나는 네가 어제 무엇을 했는지 궁
금해'라고 고쳐 보낸다.
번역기를 거꾸로 돌려, 내 말을 찾아내고, 내 식대로 말하
고 생각하고 판단했던, 그래서 당신을 아프게 한 기억을
반성한다. 이제야, 이곳에 와서야.

발톱을 깎으며 _ 삼백스물다섯 번째 날

깎을 수 있는 것이 이것뿐이라
깎고 또 깎다 보면
붉은 살이 잠시 허옇게 되고
다시 퍼렇게 되고

수도 없이 깎고 또 깎으며
조금씩 변하는 것을 본다
군데군데 줄이 생기고
갈라지기도 하고

한번 갈라진 곳은
왜 자꾸 붙을 새도 없이 벌어질까
더 얇아지고
비대칭으로

고국에서는 슬픈 소식이 밀려와
SNS에는 비와 바람이 거세다
거대 담론이 사라진 시대
적들은 다 어디로 갔나

정작 답해야 할 사람들은 입을 다문다

폭풍우가 수그러들 때까지
조용히 술이나 한잔하며
내기를 하는지

믿지 마라
그들은 천하게 두고
깎은 발톱처럼 치워 버린다
이제 손톱 차례

오래 걸으면 말이나 사람이나 발굽이나 발톱이나 빨리 자라는 것 같다. 손톱을 깎을 때보다 발톱을 깎을 때 감회가 다르다. 손톱은 아무 생각 없이 깎더라도 발톱은 뭔가 걸어온 수고가 마디마디 가득한 것 같아서.
오래 걸은 흔적, 이제는 돌아와 잘리는 나의 발굽들.

떠나와도 _ 키르기스스탄에 보내는 편지 하나

떠나온 지 일주일이 지났습니다
나는 어디서 무엇을 하고 있을까요
어떤 모습으로 밥을 먹고 사람을 만나고 잠자리에 드나요
악부라 강은 잘 흐르는지요

비가 와도 금세 뽀송한 길은
여전히 뜨거운가요
마슈르카는 아무 곳에서나 잘 서고
오래 사람을 내려 주나요

아라반스키는 아이스크림을 먹고 있나요
술레이만 투의 풀들은 노란가요
켈레첵은 여전히 차가 막히나요
시장의 사과는 여전한가요

나는 한동안 못 보았던 사람들을 만나고
키르기스스탄에서 사 온 양털 슬리퍼를 선물로 주고
오시와 이식쿨과 송쿨 이야기를 하다가
잠이 들면 오시를 꿈꿉니다

은행도 가고 안경도 고치고

치과도 가고 차 수리도 했어요
차에 기름도 몇 번이나 넣고
머리를 깎고 별별 음식을 다 먹습니다

가격은 비싸지만
맛을 알 듯 말 듯 한 것들이
입에 닿았다가 거품처럼 사라집니다
오시의 양념치킨과 30솜 파흘라바가 생각납니다

모든 길이 잘 포장되어 있고
인터넷이 빠르고
물자가 풍족한 이곳에
실상 악귀가 자주 출몰합니다

내가 가장 잘돼야 마땅하다는
내 아이는 당연히 특별 대우를 받아야 한다는
내 말은 언제나 늘 옳다는
어떻게든지 얻어야 한다는

사람들은 추운 에어컨 바람이 나오는
카페에 앉아
눈먼 돈의 행방을 수소문합니다
화가 얼굴에 가득합니다

당신이 유난히 보고 싶은 밤입니다

못난 이 세상을 보여 주고
답이라도 구하고 싶습니다
질문이 잘못 되었나요

갈 때와는 달리 돌아올 때는 환승 시간이 길어, 카자흐스탄 알마티 공항에서 잠들지도 못하고 오랜 밤을 힘들게 보냈다. 간신히 한국행 비행기를 타고, 눈 감았다 뜨니 한국이다. 그 오랜 시간이 하룻밤 꿈 같기도 하다. 과연 뭐가 그리 뭉클하고 설렜을까.

공항에 서서 갈 곳을 모르는 사람처럼 멍하니 서 있다. 예전의 여기가 아닌 것처럼. 길을 떠나, 길 위에서 당신을 만나고, 길 위에 당신을 두고 돌아왔는데, 혹 다시 떠나야 하는 것은 아닌지.

너무 많아서 _ 키르기스스탄에 보내는 편지 둘

지금 나를 가장 힘들게 하는 것은
너무 많다는 것이다
책도 학용품도 이제는 쓰지 않는 마스크도
옷도 베란다의 그릇과 식품들도

단 하나가 없어 아쉽던 순간들이
너무 많은 것들과
너무 많은 말소리에
정신을 차릴 수 없다

먹을 음식은 너무 많은데
맛을 느낄 여유는 없고
말을 거는 사람은 많은데
보고 싶은 사람은 하나도 없다

창문을 열면
무수히 지나가는 차 소리
잘 포장된 도로들
칼날처럼 부드럽게 금방 시치미를 뗀다

어제는 CD를 내다 버렸다

오늘은 무엇을 버릴까
길은 멀고
오래된 차는 어디선가 털털 소리를 낸다

며칠째 차고 다니던 팔찌가 끊어졌다
술레이만 투 출구에서 예제에게 샀던
고칠 수도 없고 버릴 수도 없는
또 비가 오려나

돌아와 묵었던 내 방에 들어오니, 갑자기 너무 많다는 생각이 든다. 키르기스스탄에서는 악보 파일의 비닐 하나도 돈을 주고 사야 하고, 뭐든지 귀해서 신줏단지처럼 아껴 사용했는데, 한국에 돌아오니 내 방은 책과 학용품, 메모지, 이어폰 충전기… 주고 싶어도 그때는 없어서 못 주고 온 것들이 방구석마다 그득하다.

변명 _ 키르기스스탄에 보내는 편지 일곱

내가 좋은 시를 못 쓰는 이유는
어지럼증을 많이 느끼기 때문이다
시만 생각하면 몸이 두웅실 떠올라
발을 헛디디고 현기증에 빠진다

일단 공중으로 떠서
한없이 추락을 거듭하고
기억 속 어둠을 찾아
굼벵이처럼 기어간다

놀이기구도 못 타는 젬병인데
제발 끝났으면 하는 기억을 바라보다
눈을 뜨면 다시 시가 한 줄
지워야 하는

수업 준비를 하다가
시험 문제를 내다가
빈 여백에 시를 한 줄 적어 본다
어디만큼 갔니

길을 갈 때 자꾸만 돌아다보는

나는 이름 없는 시인이다
내가 좋은 시를 쓰지 못하는 이유는
그대를 떠나지 못하기 때문이다

시집을 네 권이나 냈지만, 그러면서 교과서에 시 한 편 싣고
죽는 것이 소원이었지만, 이제 그런 것은 누구도 기억하지
않는다는 것을 비로소 안다.
기껏해야 시 한 편 쓰자고 평생을 시인으로 살고 있으면서
이런 변명이나 하는 것은 내가 시를 잘 못 쓰기 때문이다.
아니 시를 못 써서 시인이 아니라, 시인이 아직 되지 못해서
그렇다.
그래도 당신을 떠나지 못해 시를 쓸 수밖에 없다는 변명은
진심이다.

글의 이마를 짚고 _ 키르기스스탄에 보내는 편지 여덟

오다가 넘어졌다
그래서 짚었나 길의 이마를
잠 오지 않던 지난주 내내
이마 위에 올려놓았던 손바닥으로

조심하라고
급하게 뛰지 말라고
그러면서 모두 달려가던 길이
이마보다 더 뜨겁게 식고 있다

짚어 주던 손이 떠나고
기침과 고열로 출렁이던 시간
밤마다 일어나 읽고 쓰던
당신이라는 길

손등 가득한 주름
그 주름 따라 글을 쓰고
몸을 일으켜 세운다
온기도 서늘한

이유 없이 피곤하고 무거운 나날이

쓰고 읽는 글 때문인 것을
이제야 안다
글에도 신이 있고 신병이 있다는 것을

짚은 손으로
그대를 딛고 걸어오던 길
당신을 읽지 못하고
다시 떠나야 하나

얼얼한 손바닥으로
오랫동안 보아 왔던 하늘과
움츠린 산들
그사이 붉어지는 이마를 대어 본다

잊을 수 없는 이름과
입안에 맴돌던 한숨이
손가락 사이
지금이라고 쓴다

고개를 숙여
이마를 길에 대고
못다 한 말을 생각한다
고향 같은

가끔 넘어진다. 키르기스스탄에서도 그렇고, 어렸을 적에도 그렇고, 다 큰 지금도 그렇다. 당신의 길에서 넘어지면 당신을 만날 수 있으려나, 아예 누워 버리면 당신에게 잠길 수 있으려나.

고민 끝에 내는 가위바위보나 순간적으로 내는 손이나 다 똑같다고 누군가 그랬다. 나의 길도 마찬가지였다. 공부가 그랬고, 사랑이 그랬고, 삶도 그러했다. 여행도, 시를 짓는 것도.

생각하는 순간 시간은 벌써 떠나고, 그러면서 매듭이 지어지고, 새로운 일기장이 앞에 펼쳐지고, 모르는 사이에 또 한 걸음 나아가게 되고, 뒤돌아보는 순간 달라져 있고, 당신은 또 다른 곳에 있고.

거의 일 년 동안 사람들 사이를 걸어 다니며, 매일같이 나를 위로하던 노을과 별빛, 그들의 말을 잘 받아 적은 건지….

강연호 춘천, 강지영, 구찌 비슈케크, 굴부락 빛나, 김보라, 김부길 갈렙, 김영이 마리아 게스트 하우스, 김은총, 김재석 선생님과 아이 넷, 김재영 원장, 김정영, 나직 오시, 나타샤 비슈케크, 남소냐, 누르아이다, 누리자, 당겜, 라핫 인팍 학부장, 루슬란, 마나스 유통, 막사트 굴초, 말리카 카라콜 학생, 메디나 한별이, 메림 아이케르, 무라트 운송, 바누 나은이, 바크 박도오롯 은서, 바트마 바이올린, 박소라 교수님, 박창순 아리랑, 반사장님 게스트 하우스, 배한호, 백영민, 베김잔 한국어과 조교, 베르멧 진주, 베가임 오시 집주인, 부룰차, 부제이넵, 사야카트 카라콜, 사이칼 유진, 사샤 돼지고기, 성용 비비치킨, 손우진 오시, 술탄 동양학부, 스쿠터 오시, 아루케, 아리랑 식당 하숙, 아비오텐드 플러스 오시, 아산아케 인쇄소, 아셀 다정이, 아이가느쉬, 아이누라 무라스 게스트 하우스, 아이누라 비슈케크, 아이누라 코츠코르 송쿨 여행, 아이다, 아이다나 수안, 아이벡 금방 운전, 아이잔 비슈케크, 아지레트 세종학당 컴공, 아팔 서연, 알리나 고려인 밀양 박씨, 알리나 수정이, 엘누라 임정화, 엘리나 사랑이, 엘림하우스, 엘비라 예린, 오민호, 오시 트립, 오승훈, 우바트 카라콜, 월로제 고려인, 을담 비슈케크, 이마크심 고려인 장학생, 이예나 나지라, 이윤숙 리브가, 이정아, 임연식 학당장님, 임종명, 장금추 총장, 장재선 비슈케크, 정선아, 조 마르트 카라콜 비슈케크, 조이 오시 버스, 졸도시, 최안나, 카밀라 향기, 타티아나 카라콜, 탕술루 예진, 태미를란 카라알막, 투라르벡 오시, 황슬라바, 후세인 우마로브⋯ 그들이, 그곳이, 그립다.